Bundeskanzler-Helmut-Kohl-Stiftung (Hg.)
Ich bin doch kein Denkmal
Eröffnung der Bundeskanzler-Helmut-Kohl-Stiftung

Schriftenreihe der Bundeskanzler-
Helmut-Kohl-Stiftung

Bundeskanzler-Helmut-Kohl-Stiftung (Hg.)

"Ich bin doch kein Denkmal"

Eröffnung der
Bundeskanzler-Helmut-Kohl-
Stiftung

Ch.Links VERLAG

Der Druck dieser Publikation wurde gefördert von

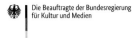

Fotos im Buch, wenn nicht anders ausgewiesen:
Bundeskanzler-Helmut-Kohl-Stiftung/Elke A. Jung-Wolff

Die Deutsche Nationalbibliothek verzeichnet diese Publikation
in der Deutschen Nationalbibliografie; detaillierte bibliografische Daten
sind im Internet über www.dnb.de abrufbar.

Ch. Links Verlag ist eine Marke der Aufbau Verlage GmbH & Co. KG

© Aufbau Verlage GmbH & Co. KG, Berlin 2024
www.aufbau-verlage.de/ch-links-verlag
Prinzenstraße 85, 10969 Berlin
Der Verlag behält sich das Text- und Data-Mining nach § 44b UrhG vor,
was hiermit Dritten ohne Zustimmung des Verlages untersagt ist.
Umschlaggestaltung: zero-media.net, München, unter Verwendung eines Fotos
aus dem Bundesarchiv/Bundesregierung, B 145 Bild-00214216, Fotograf Ulrich Wienke,
das Bundeskanzler Helmut Kohl in der Bundespressekonferenz am 4. Juli 1985
in Bonn zeigt
Lektorat: Karoline Winter, Berlin
Satz: Nadja Caspar, Berlin
Druck und Bindung: Friedrich Pustet GmbH & Co. KG, Gutenbergstr. 8, 93051 Regensburg

ISBN 978-3-96289-223-4

Inhalt

EINE NEUE STIFTUNG

»Ein frischer Blick auf die Kanzlerschaft Helmut Kohls«
von Volker Kauder | 9

Die Eröffnungsveranstaltung in Bildern | 13

VON HELMUT KOHL LERNEN

»Die Geschichte von Helmut Kohl weiterdenken«
von Friedrich Merz | 25

Erinnerungen des Zeitzeugen Theo Waigel | 33

HELMUT KOHL ERFORSCHEN

»Akten zum Sprechen bringen« –
Eine Ideensammlung für die Forschung
von Karl-Rudolf Korte | 37

Erinnerungen des Zeitzeugen Jean-Claude Juncker | 49

HELMUT KOHL ERINNERN

»Helmut Kohl im Gedächtnis der Deutschen« –
Studie des Instituts für Demoskopie Allensbach
von Michael Sommer | 53

Erinnerungen der Zeitzeugin Sabine Bergmann-Pohl | 99

GLAUBE AN DIE ZUKUNFT

»Das Unvorstellbare mitdenken« –
Impulse für unsere Zeit
von Angela Merkel | 103

Die Bundeskanzler-Helmut-Kohl-Stiftung –
Auftrag, Aufbau und Aufgaben
von Günter Winands | 113

Politische Lebensstationen Helmut Kohls | 122

Weiterführende Literatur | 124

EINE NEUE STIFTUNG

Der Kuratoriumsvorsitzende der Bundeskanzler-Helmut-Kohl-Stiftung und ehemalige Vorsitzende der CDU/CSU-Bundestagsfraktion Volker Kauder eröffnet die Veranstaltung

»Ein frischer Blick auf die Kanzlerschaft Helmut Kohls«
von Volker Kauder

Vor 40 Jahren begann die Regierungszeit Helmut Kohls. Dass sie 16 Jahre umfassen würde, konnte am 1. Oktober 1982, dem Tag des konstruktiven Misstrauensvotums und seiner Wahl zum sechsten Kanzler der Bundesrepublik Deutschland, niemand ahnen – nicht einmal er selbst. Zu Beginn seiner Kanzlerschaft war es kaum vorstellbar, dass unter Helmut Kohl die Deutsche Einheit besiegelt und die Einführung des Euro beschlossen würde.

»Die Zukunft ist immer ein Wagnis.« Helmut Kohl stellte sich dieser Zukunft in schwieriger Zeit und ohne Scheu vor Neuem. Als Bundeskanzler ging er couragiert große innen- und außenpolitische Veränderungen an. Drei Mal wurde der Kanzler wiedergewählt – eine Bestätigung für ihn als Regierungschef und für seine Koalition aus CDU/CSU und FDP.

Manche Ereignisse aus der Zeit der 80er Jahre werden in Ost- wie in Westdeutschland im Rückblick verklärt oder auch dramatisiert, manch eine Perspektive auf Veränderungen in den 90er Jahren verschiebt die damalige Realität. Vieles ist gut erforscht und zugleich warten unzählige historische Quellen darauf, wissenschaftlich untersucht zu werden. Es gab und gibt Fortschrittliches zeitgemäß aufzuarbeiten. Die Aktualität der Weltsicht Kohls aber bleibt – und begründet die Dankbarkeit der Deutschen für viele gute Jahre.

Es ist an der Zeit, Helmut Kohls politische Verdienste zu würdigen und seine Regierungsjahre neu zu erforschen: offen und neugierig, wissenschaftlich und kritisch. Die staatliche Einheit unseres Landes wie auch die europäische Gemeinschaftswährung sind längst Alltag – und im Gedächtnis der Nation verankert. Doch nichts ist selbstverständlich: Die Demokratie braucht fundierte historisch-politische Bildung, um die Prozesse hinter politischen Entscheidungen verständlich darzustellen. Jede Generation stellt schließlich eigene Fragen an die Vergangenheit.

Und so freut es mich, dass der Deutsche Bundestag beschlossen hat, der Erinnerung an Helmut Kohl eine Stiftung öffentlichen Rechts zu widmen. Zu den sechs Politikergedenkstiftungen, die im Sachsenwald an Otto von Bismarck, in Heidelberg an Friedrich Ebert, in Rhöndorf an Konrad Adenauer, in Stuttgart an Theodor Heuss, in Berlin, Lübeck und Unkel an Willy Brandt sowie in Hamburg an Helmut Schmidt erinnern, tritt in Berlin die neu gegründete Bundeskanzler-Helmut-Kohl-Stiftung hinzu. Sie wird eine große Dauerausstellung Unter den Linden errichten, auch Jugendliche zu Diskussionen einladen sowie die Forschung zur Regierungszeit Helmut Kohls anregen.

Mit dieser – hier dokumentierten – öffentlichen Veranstaltung vom 27. September 2022 präsentierte sich die Bundeskanzler-Helmut-Kohl-Stiftung vor mehr als 400 Gästen zum ersten Mal der Öffentlichkeit. Das Signal, das von diesem Abend ausging, ist eine herzliche Einladung, einen frischen Blick auf die Kanzlerschaft Helmut Kohls zu werfen.

Volker Kauder ist Vorsitzender des Kuratoriums der Bundeskanzler-Helmut-Kohl-Stiftung. Von 2005 bis 2018 war er Vorsitzender der CDU/CSU-Bundestagsfraktion und von 1990 bis 2021 Mitglied des Deutschen Bundestages.

Die Eröffnungsveranstaltung in der Französischen Friedrichstadtkirche
40 Jahre nach dem Beginn der Regierungszeit Helmut Kohls

Die Eröffnungsveranstaltung in Bildern

Friedrich Merz, Vorsitzender der CDU und der Unionsfraktion im Bundestag, und Bundeskanzlerin a.D. Angela Merkel begrüßen sich

Vorstellung der Zeitzeugengespräche in der Französischen Friedrichstadtkirche

Der Bundestagsabgeordnete Armin Laschet zusammen mit Bundesministerin a.D. Sabine Bergmann-Pohl

Zu den Gästen zählten neben anderen die ehemaligen Staatsminister für Kultur und Medien Bernd Neumann und Bundestagsabgeordnete Monika Grütters

Die Kuratoriumsmitglieder der Bundeskanzler-Helmut-Kohl-Stiftung Bundesministerin a.D. Gerda Hasselfeldt und Ministerpräsident a.D. Bernhard Vogel im Gespräch

Gäste der Stiftung

Gespräche am Rande der Veranstaltung: Bundesminister a.D. Rudolf Seiters, Politikwissenschaftler Werner Weidenfeld und der ehemalige Bundestagsabgeordnete Karl-Heinz Hornhues (von links)

Das Publikum in der Französischen Friedrichstadtkirche

Der Kuratoriumsvorsitzende der Bundeskanzler-Helmut-Kohl-Stiftung Volker Kauder zusammen mit Angela Merkel und Friedrich Merz

Sabine Bergmann-Pohl im Gespräch mit Angela Merkel und Gerda Hasselfeldt (von links)

Kulturstaatsminister a.D. Bernd Neumann
im Gespräch mit Armin Laschet

VON HELMUT KOHL LERNEN

Der Bundestagsabgeordnete Friedrich Merz, Bundesvorsitzender der CDU und Vorsitzender der CDU/CSU-Fraktion im Deutschen Bundestag, erinnert an Helmut Kohl

»Die Geschichte von Helmut Kohl weiterdenken«
von Friedrich Merz

Lieber Volker Kauder,
stellvertretend für alle Gäste und Ehrengäste:
liebe Angela Merkel, lieber Wolfgang Schüssel,
liebe Kolleginnen und Kollegen, meine Damen und Herren,
liebe Freundinnen und Freunde!

Herzlichen Dank für die Einladung, heute Abend zur ersten großen Veranstaltung der Bundeskanzler-Helmut-Kohl-Stiftung ein kurzes einleitendes Grußwort sprechen zu dürfen.

Wir erinnern heute an den 1. Oktober 1982, den Tag eines konstruktiven Misstrauensvotums – des bisher einzigen erfolgreichen konstruktiven Misstrauensvotums im Deutschen Bundestag und eines Wechsels im Amt des Bundeskanzlers. Ich hatte in diesem Jahr 1982 gerade mein 1. Juristisches Staatsexamen absolviert und war junger Referendar am Landgericht in Saarbrücken. Ich war schon zehn Jahre Mitglied der CDU, und dieser Tag, der sich über eine längere Zeit angekündigt hatte – ein Freitag, wenn ich mich richtig erinnere –, war ein Tag voller Spannung, auch in Erinnerung an das gescheiterte Misstrauensvotum von Rainer Barzel gegen Willy Brandt. Wenn Sie mich heute fragen würden, woran genau ich mich bei diesem Tag erinnere, welcher Augenblick mir aus der Fernsehberichterstattung, lieber Volker, die ich live mitverfolgt habe, in Erinnerung ist, dann dieser Moment: Da geben sich drei Bundeskanzler – ein gerade in diesem Augenblick ausgeschiedener, ein schon etwas länger ausgeschiedener und ein gerade neu gewählter – im Deutschen Bundestag die Hand. Zunächst gratuliert Helmut Schmidt Helmut Kohl, dann folgt Willy Brandt. Keine 25 Sekunden dauert diese Sequenz. Drei Bundeskanzler der Bundesrepublik

Deutschland gemeinsam im Deutschen Bundestag als Abgeordnete – das hat es seitdem nicht mehr gegeben. Das liegt möglicherweise daran, dass zwei der vier nachfolgenden Bundeskanzler der Bundesrepublik Deutschland eine außergewöhnlich lange Amtszeit im Parlament und im Regierungsamt verbracht haben, nämlich Helmut Kohl und Angela Merkel.

Es war ein historischer Augenblick in der Geschichte unseres Landes, aber dieses Händeschütteln unter Kanzlern war alles andere als harmonisch. Helmut Kohl schreibt im ersten Band seiner Erinnerungen, die die Jahre 1930 bis 1982 umfassen, wörtlich – ich zitiere: »Mit versteinerter Miene und Eiseskälte gratulierten sie – Brandt und Schmidt – mir zur Kanzlerwahl.«

Ich wage heute die Behauptung, meine Damen und Herren, wenn Helmut Schmidt und Willy Brandt an diesem 1. Oktober 1982 geahnt hätten, was ihr Nachfolger im Amt des Bundeskanzlers auslöst, bewirkt und wie er die deutsche, die europäische und auch die Weltgeschichte verändert, sie hätten ihm anders gratuliert. Von Helmut Schmidt weiß ich es aus vielen persönlichen Gesprächen, von Willy Brandt weiß ich es nur aus den jeweils wechselseitigen Erinnerungen. Helmut Schmidt hat sich mit Respekt und Anerkennung für seinen Nachfolger lange Jahre schwergetan. Aber zum Ende seines Lebens, insbesondere nach der Deutschen Einheit, konnte er seinem Nachfolger den Respekt nicht versagen. Und von Willy Brandt wissen wir, dass ihn bis zum Sterbebett mit Helmut Kohl ein persönliches, inniges, fast freundschaftliches Verhältnis verband, immerhin in den Worten zum Ausdruck kommend, die er in den Tagen und Wochen der Deutschen Einheit gefunden hatte: »Jetzt wächst zusammen, was zusammengehört.«

Meine Damen und Herren, lassen Sie mich einen großen Zeitsprung machen, vom Jahr 1982 in das Jahr 2022. Die Zeit von Helmut Kohl, die 16 Jahre seiner Kanzlerschaft zu bewerten, zu beurteilen, werden andere heute Abend noch die Gelegenheit haben und werden die Geschichtsbücher für viele Jahre und Jahrzehnte zur Aufgabe haben. Ich stelle mir heute die Frage: Wie würde Helmut Kohl auf unsere Zeit blicken – auf die deutschen, auf die europäischen, auch auf die globalen Herausforderungen, vor denen wir heute stehen? Allein diese Frage verrät ziemlich viel über die Bedeutung, die wir Helmut Kohl heute zumessen. Sie ist damit, lieber Volker Kauder, auch ein Fingerzeig für die Stiftung, die Helmut Kohls Namen trägt und sich die Erinnerung an sein politisches Wirken zur Aufgabe gemacht hat. An sein politisches Wirken zu erinnern, meint natürlich nicht bloß, es vor dem Vergessen, vielleicht sogar dem Herabsetzen oder dem Verdrängen zu bewahren. Es ist auch mehr als bloße Geschichtsschreibung. An sein politisches Wirken zu erinnern, das heißt, an Geschichte anzuknüpfen. Es ist Geschichtsfortschreibung, die diese Stiftung sich zur Aufgabe gestellt hat.

Meine Damen und Herren, ich will das vielleicht an einem Beispiel deutlich machen: Der von mir immer wieder gern zitierte britische Historiker Timothy Garton Ash hat das Jahr 1989 einmal als eines der besten in der europäischen Geschichte beschrieben. Das ist ein Urteil, dem heute wohl kaum jemand widersprechen würde. Bei 1989 denken wir an die Friedlichen und Samtenen Revolutionen, an Prag, an Warschau, an Budapest und Berlin. Und selbstverständlich denken wir an Helmut Kohl, der als Bundeskanzler die weltgeschichtlichen Veränderungen seiner Zeit früher als andere zunächst begriffen und dann ergriffen hat.

Dieser erwähnte Timothy Garton Ash kommt 20 Jahre später, also im Jahr 2009, zu der Einschätzung, dass 1989 möglicherweise – so sagt er – für lange Zeit die letzte Gelegenheit dazu war, in Europa Weltgeschichte zu schreiben. Er spricht von Europas letzter Hauptrolle auf der Weltbühne und seinem Abtreten von ebendieser. Nun wissen wir spätestens seit dem 24. Februar 2022, dem Tag des Überfalls auf die Ukraine: Europa kann, Europa muss sehr wohl noch Weltgeschichte schreiben. Nur ist das Jahr 2022, ganz sicher anders als 1989, keines der besten Jahre in der europäischen Geschichte. Und wenn ich sage: Europa muss Geschichte schreiben in diesem Jahr 2022 und in der Zeit, die folgt, dann meint dies vor allem etwas, zu dem drei Bundeskanzler der letzten Jahre mindestens bereit waren, es zu tun – Helmut Kohl, vor ihm Helmut Schmidt, nach ihm zumindest Angela Merkel: Führung in Europa zu übernehmen.

Nicht Führung im Sinne von Dominanz und Bevormundung, sondern Führung im Sinne von Verantwortung – für das eigene Land, aber auch Verantwortung für Europa und die globale Ordnung. In diesen Tagen, meine Damen und Herren, herrscht – fast 80 Jahre nach dem Zweiten Weltkrieg und gut 20 Jahre nach dem Krieg im Kosovo – wieder Krieg in Europa.

Die europäische Ordnung, so wie wir sie kennengelernt haben und wie sie – jedenfalls für meine Generation und die nachfolgenden – nie anders war, nämlich eine europäische Ordnung von Frieden und Freiheit, sie ist im Kern bedroht. Europäische Werte sind im Kern bedroht. Und deswegen müssen wir auch an einem solchen Tag schauen, was da jetzt genau geschieht: Dieser Vernichtungskrieg von Putin in der Ukraine richtet sich eben nicht nur gegen die territoriale Integrität dieses zweitgrößten europäischen Landes; er richtet sich gegen das friedliche, freiheitliche und demokratische Europa. Es ist jenes Europa, das Helmut Kohl ganz maßgeblich mit aufgebaut hat. Und es ist jenes Europa, für das wir Christdemokraten aus tiefster innerer Überzeugung in den letzten Jahren und Jahrzehnten immer gekämpft haben. Dieses Europa ist heute ernsthafter denn je in seiner Geschichte bedroht.

Und das zeigt ganz einfach abschließend Folgendes:

Geschichte ist nie etwas Abgeschlossenes. Sie wird geschrieben – im Guten wie im Schlechten –, und sie wird immer von Menschen gemacht. Und deshalb, lieber Volker Kauder, auch lieber Herr Dr. Winands, meine Damen und Herren in dieser Stiftung, ist es mein Wunsch – und ich darf das sicher stellvertretend für die gesamte CDU sagen: Die Bundeskanzler-Helmut-Kohl-Stiftung muss es als ihren Auftrag begreifen, die Geschichte von Helmut Kohl ganz einfach zu denken und auch weiterzuentwickeln – weiterzudenken. Wenn das gelingt auf dem sicheren und festen Fundament unserer europäischen Freiheitsidee, dann ist der würdigste Umgang mit dem politischen Wirken und der Lebensleistung dieses großen Staatsmannes erreicht.

Ich wünsche dir das, lieber Volker, wie auch deinen Mitstreitern in der Stiftung. Und ich wünsche es uns – nicht nur der CDU, ich wünsche es uns, der Bundesrepublik Deutschland, dass dieser Teil unserer Geschichtsschreibung und -fortschreibung mit dem Namen Helmut Kohl verbunden ist und dass er uns gelingt.

Herzlichen Dank!

Friedrich Merz war von 1994 bis 2009 Mitglied des Deutschen Bundestages und wurde 2021 erneut in den Deutschen Bundestag gewählt. Seit 2022 ist er Vorsitzender der CDU Deutschlands und Vorsitzender der CDU/CSU-Bundestagsfraktion.

Wer fragt, wie Helmut Kohls Politik in Deutschland und Europa
bis heute nachwirkt, findet rasch Antworten. Das wiedervereinigte Land,
innereuropäische Grenzen ohne Passkontrolle oder Visaformalitäten,
der Euro – Helmut Kohls Verdienste um die Deutsche Einheit,
die europäische Einigung und die Einführung der Gemeinschaftswährung sind unbestritten. In den 16 Jahren seiner Regierungszeit
kam viel in Bewegung.

Aber wie machte Helmut Kohl Politik? Diskussionsprozesse und
Entscheidungswege lassen sich anhand der schriftlichen Überlieferung
rekonstruieren. Lebendig wird die Geschichte auch dank der Berichte
von Menschen, die ihm begegnet sind, mit ihm zusammengearbeitet
oder mit ihm verhandelt haben. Die Bundeskanzler-Helmut-Kohl-Stiftung
führt Interviews mit Zeitzeugen und dokumentiert die facettenreichen
Erinnerungen an die Persönlichkeit, den Politikstil und das Wirken
Helmut Kohls.

„Wir alle können die Einheit der Nation nicht erzwingen; aber für uns alle gilt die Präambel des Grundgesetzes: Das gesamte deutsche Volk bleibt aufgefordert, in freier Selbstbestimmung die Einheit und Freiheit Deutschlands zu vollenden." **Helmut Kohl**

Regierungserklärung im Deutschen Bundestag, 13. Oktober 1982

„Er war ein mutiger Politiker, der, wenn er von etwas überzeugt war, das konsequent durchgesetzt hat."
Theo Waigel

Dr. Theo Waigel war von 1972 bis 2002 Mitglied des Deutschen Bundestages, von 1988 bis 1999 Vorsitzender der CSU und von 1989 bis 1998 Bundesminister der Finanzen.

HELMUT KOHL ERFORSCHEN

Der Vorsitzende des wissenschaftlichen Beirats der Bundeskanzler-Helmut-Kohl-Stiftung Karl-Rudolf Korte bei seinem Redebeitrag

»Akten zum Sprechen bringen« – Eine Ideensammlung für die Forschung
von Karl-Rudolf Korte

Liebe Wählerinnen, liebe Wähler,
darum geht's doch immer in unserer freiheitlichen Demokratie, oder? Das galt erst recht für Helmut Kohl – einen begnadeten Wahlkämpfer, der auch immer differenzierte zwischen den Erwählten, die er manchmal mehr erduldete als ertrug, und den Gewählten, die er doch in seiner Wertschätzung höher ansiedelte.

Meine Begegnung mit ihm in den 90er Jahren – der Anlass war ein Interview – war anders: Ich war weder gewählt noch erwählt, und zu allem Übel war ich auch noch Politikwissenschaftler, kein Zeithistoriker. Und insofern wird man dann noch kleiner, wenn man neben ihm sitzt und versucht, ihn zu interviewen. Sie können es sich bildlich vorstellen: diese monumentale Körperlichkeit!

Aber das Interessante für meine Gespräche mit ihm – nach Auswertung jahrelanger Regierungsakten zur Deutschlandpolitik, der Verdichtung über verschiedene Aktenbestände aus unterschiedlichen Häusern, vielen Gesprächen mit Ministern, mit Mitarbeitern, am Ende zulaufend kulminierend auf den Bundeskanzler – war, dass er sehr inspiriert wirkte durch die Fragen, die ich ihm stellte, und mitmachte – leidenschaftlich. Im Rahmen meiner Habilitation brachten die Gespräche mit ihm wichtige Erkenntnisse zu der Frage, wie er als Bundeskanzler damals in der Entscheidungssituation bei Schlüsselentscheidungen gelernt hat. Diese gemeinsame, durch Fragen initiierte Rückerinnerung war keine alltägliche Konstellation, und am Ende des Gesprächs sagte er zu mir: »Ich will Sie wiedersehen.« Toll, dachte ich, das lief offenbar nicht so schlecht. Und er holte seinen berühmten BASF-Kalender aus der Jackentasche und guckte hinein: »Ja, da bin ich in Argentinien … da bin ich da … da – können Sie da?« Ich konnte natürlich.

»Ich will Sie wiedersehen« – das steht für eine sehr hohe Imperativdichte im Kanzleramt, immer – bei ihm ohnehin. Und weil das Lernen aus der Situation für unsere Gespräch so prägend war, kam ich auf die Idee für den heutigen Festvortrag. Ich frage mich, welche Lernbausteine können wir eigentlich ermitteln – auch für die neue Stiftung –, von denen wir erkennen können, sie sind hilfreich, weil sie noch unerforscht sind. Für Wissenschaftler ist Lernen nichts Befremdliches, sondern normal, und deswegen die Frage: Was gelang Bundeskanzler Kohl und was misslang ihm in diesem Lernmodus?

Ich habe ein paar Bausteine zusammengetragen. Mein erster heißt:

»Kohl als Amtsinhaber oder als Staatsmann?«

Politische Führung hat, wenig überraschend, viel mit der jeweiligen Führungsperson zu tun. »Who leads matters« – wie naheliegend! Es macht doch einen Unterschied, wer regiert. Aber die Regierungsforschung, wie wir sie kennen, drückt sich um diese Frage oft elegant. Im Mittelpunkt stehen eher die Strukturen, die Macht der Verhältnisse – nie oder selten der personale Faktor. Und in dem Maße, in dem wir auch als Wählerinnen oder Wähler immer Führung und Chefsachen einfordern, umso mehr hat die Politikwissenschaft die sogenannte »Macht der Verhältnisse« betont. Der personale Faktor nimmt dabei eine untergeordnete Rolle ein. Wenn wir das mit den amerikanischen Leadership-Studien über die amerikanischen Präsidenten oder die britischen Premiers vergleichen – gut, da muss man jetzt jede Woche neue anfertigen –, dann gibt es in Deutschland wenig dazu. Das hängt mit einer »Versozialwissenschaftlichung« zusammen, bei der die Strukturen wichtiger sind als die handelnden Personen.

Die Bundeskanzler-Helmut-Kohl-Stiftung kann jetzt andere Akzente setzen, um das Personale sichtbar zu machen. Tagungen, Forschungsaufträge und Ausstellungen können folgenden Fragen nachgehen: Was war und wie war der Anteil, der geradezu vorbereitende Anteil von Kohl an bestimmten Entscheidungen? Wie sah die Kultur des Entscheidens aus? Wenn Staatskunst von Können kommt, wollen wir mehr darüber wissen, was Kohl im Hinblick auf das strategische und persönliche Management von zentralen Entscheidungen konnte. Wie baute er Vertrauen auf, beispielsweise, um die europäischen Partner zu orchestrieren? Wie macht man das eigentlich? Wie gelang ihm das? Politische Spitzenakteure erkennen wir allerdings nicht nur daran, wie sie entscheiden oder Entscheidungen vorbereiten, sondern vor allem daran, wie sie *nicht* entscheiden, Entscheidungen aufhalten oder zumindest hinauszögern, weil jede Entscheidung im politischen Geschäft auch polarisiert – und wer will schon durch Polarisierung Mehrheiten verlieren? Wir erkennen das vor allem daran, wie Politiker sprechen – dieses oft Floskelhafte, ganz anders zum Beispiel, wenn man das Radio anmacht und einen Sportler hört … Bei Politikern kann man sofort erkennen, wer spricht. Dieses Floskelhafte ist eine hochfunktionale Sprache. Es ist die Art, souverän unscharf zu formulieren und am Ende des Satzes doch mehrheitsfähig zu sein. Das konnte Kohl. Er hat Festlegungen oft vermieden. Einvernehmen ohne Entscheidungen herbeizuführen, ist ein Teil seiner Vorgehensweise gewesen.

Wie hielt Kohl Entscheidungen offen? Das wäre doch interessant herauszubekommen. Er pflegte bei Verhandlungen einen sehr moderierenden Stil; manchmal half er auch anderen dabei zu erkennen, was sie eigentlich schon immer wollten, ohne dass sie es aber selber wussten.

Was wir bereits über ihn wissen, zeugt von einem offenbar unstillbaren Hunger nach Politik, einem ungewöhnlichen Gestaltungswillen. Was machte ihn dabei zum routinehaften Amtsinhaber, der Alltägliches abarbeitet, und was machte ihn in anderen Momenten zu einem Staatsmann, der groß dachte? Warum trieb er keine grundlegenden innen- und gesellschaftspolitischen Modernisierungsmaßnahmen voran – danach muss man zeitgeschichtlich suchen –, wenn er auf den Feldern der deutschen Europapolitik doch groß dachte? Insofern kann man zwischen Staatsmann und Amtsinhaber differenzieren, und wir sollten lernen, was wie gegriffen hat.

Mein zweiter Baustein:

»Kohl als Transformationslotse«

Die Deutsche Einheit ist, wie wir es mit aktueller Begrifflichkeit sagen würden, ein Transformationsprozess. Umbrüche gab's immer schon, zu jeder

Zeit, wie auch die Notwendigkeit, darauf gestaltend zu reagieren. Bundeskanzler Kohl war angesichts dieses exogenen Schocks damals sicherlich ein Transformationslotse. Die Deutsche Einheit ist in der Tat – Herr Kauder hat's gesagt – gut erforscht im Vergleich zu vielen anderen Politikfeldern; deshalb kann man auch erkennen, was die Bedingungen für Kohls Handeln, für ein erfolgreiches Politikmanagement waren, warum er in dieser persönlichen Herangehensweise als Lotse zielführend war.

Dazu ist es gut, sich noch mal zu erinnern: Wer damals an die Deutsche Einheit glaubte, galt als ewiggestrig – das war nicht chic damals, das war nicht modern. Kohl umarmte nie den Zeitgeist und insofern war er Teil der Ewiggestrigen bei diesem Thema. Sein Erfahrungsraum war nie identisch mit seinem Erwartungshorizont, der eher auf die Freiheit zu gestalten ausgerichtet war. Und genau das macht eine Transformation aus, wenn sie gelingen soll – ein Erwartungshorizont muss existieren, es braucht die Kraft des positiven Denkens, um ein realistisches, optimistisches Ziel zu formulieren, um eine Gestaltungsidee zu entwerfen, wohin die Transformation gehen soll.

Denn Zukunft ist in Demokratien nichts, was sich entwickelt, was einfach so passiert, sondern das, was wir gemeinsam gestalten können. Das war der Transformationsauftrag, und dazu braucht man – heute würden wir sagen: ein Narrativ. Bundeskanzler Kohl sagte immer: »Deutsche Einheit und europäische Integration, das sind zwei Seiten einer Medaille.« Diese Erzählung hat er mit großer Penetranz vorgetragen und praktisch in jeder Rede untergebracht.

Es war also eine Erzählung, in langen Linien zu denken und zu handeln. Die europäische Einigung war für ihn dabei, wie er es formulierte, eine »Frage von Krieg und Frieden«. Eine sehr markante Formulierung – damals eher belächelt, nicht ernst genommen: die Frage der Wehrhaftigkeit. Und war nicht, aus heutiger Sicht, die Bonner Republik mit so einem Verständnis von äußerer Wehrhaftigkeit, Krieg und Frieden des europäischen Prozesses weniger provinziell als die Berliner Republik heute?

Kohl arbeitete keineswegs täglich an der Wiedervereinigung, aber er hatte eine normative Botschaft, einen Kompass, den er personifizierte. Er lebte das – und alle, die auf ihn trafen, wussten das. Er musste diese Botschaft also nicht täglich formulieren. Hier praktizierte er eher Erklärgeiz und erklärungsarmen Pragmatismus.

Kommunikativ fremd war ihm, was uns augenblicklich kommunikativ-stilistisch so fasziniert, eine Dilemma-bewusste Offenheit oder gar ein mitnehmender, oft einladender Zweifel.

Kohl hatte einen anderen Kommunikationsstil, da war er damals wiederum eher erklärungspragmatisch unterwegs. Kohls Kommunikationsstil war anders als das, was wir vielleicht heute besonders schätzen, zumindest bei einem Teil der Bundesregierung. Aber auch wenn er nicht täglich seinen eigenen Suchprozess offengelegt hat, war klar, dass bestimmte Dinge mit ihm nicht verhandelbar waren – nämlich Westbindung, Offenhaltung der deutschen Frage, die Betonung der Systemgegensätze; das entsprach nicht nur den großen Linien, sondern seinem wertebasierten Verständnis von Politik. Doch dieses Verständnis war extrem unpopulär zur damaligen Zeit, und das führte häufig zu Konflikten. Kohl ging diesen Konflikten nicht aus dem Weg, wenn es *essentials* betraf, die für ihn auf dem Spiel standen. Auch eine bedeutende Konstellation, denn dieses Stehenkönnen bei stürmischem Gegenwind war für ihn eine ganz wichtige Charaktereigenschaft, die er bei anderen Politikern sehr schätzte.

Die Frage an uns ist also: Wo gab es Momente, in denen Kohl um seiner Überzeugung willen volles Risiko einging, und wo nicht? Volles Risiko gab es vermutlich bei der Stationierung einzelner atomarer US-Mittelstreckenwaffen – ganz klar – oder bei der Durchsetzung des Euros – immer gegen eine klare Bevölkerungsmehrheit.

Die Politik der Kohl'schen Transformation koppelte deutsche und europäische Fragen und Anliegen. Als sich mit der Friedlichen Revolution in der DDR das berühmte *window of opportunity* öffnete, nutzte er dies auch, um die Wiedervereinigung währungspolitisch europäisch abzusichern. Wir lernen – das ist mein zweiter Punkt: Eine gelingende Transformation, wie wir sie hier erkennen, braucht eine Gestaltungsidee – eine Idee und die konsequente Bereitschaft beim politischen Personal, enorme Widerstände zu lieben.

Mein dritter Baustein:

»Kohl in alt-analogen Zeiten«

Damals passierte ganz viel, vor allem Überraschendes. Man musste überraschungsfest und irritationsfest sein, um durch den Tag zu kommen. Unberechenbarkeit und neue Unübersichtlichkeiten gab es schon damals. Sie gehörten bereits zu Kohls Zeiten zum Prinzip des Regierens. Es existierte eine Erwartungssicherheit des Nicht-Erwartbaren – und auch damals schon gab es einen Gewissheitsschwund. Früher habe ich Gewissheitsschwund immer mit philosophischen oder soziologischen Begrifflichkeiten definiert; heute definiere ich Gewissheitsschwund mit einer Alltagssituation, die jeder von uns kennt, der mit der Deutschen Bahn fährt: Da geht es nicht nur um die Frage, wann man ankommt, sondern auch, wo und ob man ankommt. Das ist Gewissheitsschwund im eigentlichen Sinne.

Das gab's schon vor 2022 – und doch: Die Bonner und die frühe Berliner Republik waren weniger komplex als heute, das muss man schon so sehen. Damals gab es ein Politikmanagement, das sich nicht nur dem Unwahrscheinlichen zuwenden wollte und musste. Vieles wirkte zyklisch erwartbar, linear wiederkehrend, serienhaft sichtbar, also weniger komplex. Die internationalen Machtblöcke waren antagonistisch ausgerichtet; die Rituale, zu siegen und zu verlieren, waren viel klarer verortet als heute. Sie hatten Bestand. Im Bundestag gab es klare Mehrheiten, die beiden Volksparteien waren stark, zur damaligen Mehrheitsbeschaffer-Partei FDP kamen erst viel später die Grünen und die Linken dazu. Das war die Bonner Republik, die frühe Berliner Republik. Koalitionen bestanden aus Großpartei + Kleinpartei = Mehrheit. Die Kleinparteien waren noch dazu regierungswillig – auch das gab es damals. Auf dem Wählermarkt gab es wenige Orientierungsnomaden, zumindest viel weniger als heute, und Wahlkämpfe waren richtige Wahlkämpfe mit einer Auseinandersetzung – nicht nur reine Umfragekämpfe. Wahlkämpfe waren viel mehr als dieses aktuelle wechselseitige Niederschmusen, was wir heute kennen; damals warf man nicht mit Wattebällchen aufeinander. Es ging heftiger zur Sache. Empörungsverweigerung – das war Bundeskanzler Kohl völlig fremd.

Weltweit passierte permanent viel, aber in vordigitalen, alt-analogen Zeiten zeitversetzt: Wir erfuhren erst später davon. Die mediale, digitale

Verdichtung war eine andere. Diese Direktmedien, diese Überall-Medien, die zu einem Sofortismus in der Politik führen, die sofort und jetzt zu reagieren hat, die gab es in Kohl-Zeiten noch nicht. Das entwickelte sich erst. Und insofern kann man schon sagen: Die Dosis an Öffentlichkeit war damals eine vollkommen andere als heute. Die Dosis an Öffentlichkeit war geringer.

Aber auch hier bitte keine Verklärung. Obwohl es weniger komplex war, war es kein entschleunigtes Regieren im Landlust-Modus. Auch in alt-analogen Zeiten wurde hart, schnell und unversöhnlich entschieden – und die Frage ist hier: Worin unterscheiden sich die Heuristiken des Entscheidens in Zeiten des Kalten Krieges von denen heute? Die in der frühen Kohl-Phase von denen in der späten Kohl-Phase? Was können wir vom damaligen Pragmatiker des Augenblicks für die Zeitenwende lernen? Kohl polarisierte als Person und mit seiner Politik. Auch ohne Twitter produzierte er verlässlich und täglich die Wallungswerte einer Aufregungsdemokratie. Er wirkte geradezu als Antityp des Zeitgeistes immer monumental unbeirrt. Wie überstand er eigentlich so lange diesen Empörungsfuror? Das können wir doch fragen!

Mein vierter und vorletzter Baustein:

»Kohl als Moderator des Machterhalts«

Kohls innenpolitische Machtsicherung lief zuerst stets über sein parteipolitisches Mandat. Kanzlerdemokratie war Parteiendemokratie, damals noch viel klarer als heute, und die parteipolitische Unterstützung durch die CDU war für den Kanzler die zentrale Machtressource. Regieren verstand Kohl als Kunst des Machterhalts. Und weil für ihn Erwerb und Erhalt der Macht so wichtig und dominant waren, musste er die Basis immer im Auge behalten. Seine Stärke als Kanzler hing zugleich von den effektiven Steuerungsleistungen ab, die er gegenüber dem Parteiapparat und der Unionsfraktion im Bundestag einbrachte. Die Steuerungsleistung hatte zudem finanzielle Hintergründe, wie wir mittlerweile wissen. Er steuerte auch illegal mit verdeckten Spenden.

Um diese Steuerungsleistungen im Hinblick auf die Partei zu erreichen,

Ein Blick über die Reihen

lernen wir, dass der Bundeskanzler über und mit Personen regierte – und das ist das eigentlich Interessante. Kohl reagierte und Kohl regierte vor allem vermittelt durch Personen seines Netzwerkes. Er begriff Politik gänzlich personal und baute deshalb auch Zweckgemeinschaften in seiner politischen Familie auf – in strategischer Absicht. Er förderte auf diese Weise viele politische Talente. Kohl hatte einen wachen Blick für Machtbegabung. Machtbegabungen förderte er dann sehr gezielt.

Über einen Popularitätspanzer, den man messen konnte, verfügte Helmut Kohl nie. Er gewann Wahlen, obwohl viele in diesem Lande, die meinten, sich auszukennen, ununterbrochen sein Ende vorhersagten. Doch auch bei 16 Jahren Kanzlerschaft sehen wir Zyklen der Macht – Anfangs- und Endpunkte. Trotz Tagesintegrationsweltmeisterschaft, die man als Bundeskanzler bei diesen volatilen Machtkonstruktionen erbringen muss, gibt es Dynamiken, Rhythmen, Stagnationen – auch in der Kohl-Ära. Wie

Karl-Rudolf Korte präsentiert seine Ideensammlung für die Forschung

schafft man es eigentlich, diese Machtabstiegsszenarien aufzuhalten? Wie verhalten sich Aufstieg und Fall zueinander? Das ist eine sehr interessante Frage zum Countdown des Niedergangs. Wir können mithin lernen, wann sich Kanzlerschaften dem Ende nähern, bevor es die Akteure selbst merken – und damit auch den Wählerinnen und Wählern ein quälender Abschied erspart bleibt. So könnte man auch zeigen, an welchem Punkt es noch möglich wäre, würdevoll bedeutungslos zu werden.

Mein letzter Baustein:

»Kohl als archivalischer Forschungsgegenstand«

Die Bundeskanzler-Helmut-Kohl-Stiftung hat nun die große Chance, Nachwuchswissenschaftlerinnen und Nachwuchswissenschaftler zu begeistern – inspiriert von der heutigen Veranstaltung, über Ausstellungen,

Einladungen zu Forschungsprojekten, was auch immer. Wir wissen von Kohls Wirken in sehr vielen Politikfeldern nichts, überhaupt nichts. Und der Schub, den so eine Bundesstiftung auslösen kann, steckt im offensiven Werben für eine Forschungsmethode, die man populärer machen sollte, die historische Quellenanalyse, eine Methode, die eben von den Quellen, von den Akten ausgeht, von den konkreten Regierungsakten. Bislang ehren nur Historikerinnen und Historiker die Akten. Die Anwesenden kennen das. In ihrem wissenschaftlichen Verständnis gibt es bei Historikern weniger Variablen, vielmehr Akteure, Prozesse, Ereignisse, und zwischen Ereignissen und Geschehnissen wird unterschieden. Die Wirkmacht des Zufalls kommt bei Historikern durchaus zur Geltung. All das kann man letztlich bei der historischen Quellenanalyse erkennen, wenn man sich dieser Methode stellt – und den Regierungsakten.

An diesem Punkte möchte ich sagen: Ich kenne Hunderte von diesen Regierungsakten, auch Hunderte Archivmeter. Herr Borchard kennt wahrscheinlich Kilometer davon. Diese Akten sind öffentlich zugänglich und archivalisch aufbereitet. Stürzen wir uns auf sie! Akten bilden immer Dienstwissen ab, das wissen wir alle, sie sind ergebnisorientiert verfasst – immer! –, aber sie sprechen daher nie für sich allein. Deshalb: Erst unsere Fragen brechen das Schweigen der Akten. Alle hier Versammelten sollten sich also auf den Weg machen, das zu fördern und zu unterstützen; der wissenschaftliche Beirat macht das ohnehin. Die heute Anwesenden bringen ihrerseits einen Wissensschatz mit, um Akten zum Sprechen zu bringen.

Nichts an der Politik von Bundeskanzler Helmut Kohl ist auserzählt, gar nichts! Mit den Ausstellungen und den wissenschaftlichen Kongressen kann man nachholend begreifen, wie es war.

Meine fünf Lernbausteine könnten Eckpunkte eines Forschungsprogramms sein, eine Ideensammlung. Wir können alle daran mitwirken, denn forschen heißt immer auch, einen sozialen Prozess auszulösen und auszufüllen. Deswegen sollte sich niemand dem entziehen.

Und ganz im Kohl'schen Sinne kann man am Ende sagen: »Ich will Sie alle wiedersehen.«

Prof. Dr. Karl-Rudolf Korte ist Vorsitzender des wissenschaftlichen Beirats der Bundeskanzler-Helmut-Kohl-Stiftung. Er lehrt am Institut für Politikwissenschaft an der Universität Duisburg-Essen mit dem Schwerpunkt Politisches System der Bundesrepublik Deutschland und moderne Staatstheorien. Er ist Direktor der NRW School of Governance.

"**Unser Ziel ist eine europäische Friedensordnung, die nicht von einzelnen Mächten diktiert, sondern von den Völkern Europas in freier Selbstbestimmung eigenhändig gestaltet wird.**" **Helmut Kohl**

Bericht zur Lage der Nation im geteilten Deutschland
im Deutschen Bundestag, 8. November 1989

„Helmut Kohl hat eine zentrale Rolle gespielt, als es darum ging, europäische Geschichte und europäische Geografie miteinander zu versöhnen. Da war er der Hauptantreiber und auch der Hauptdenker." **Jean-Claude Juncker**

Jean-Claude Juncker ist Mitglied des Kuratoriums der Bundeskanzler-Helmut-Kohl-Stiftung. Er war von 1995 bis 2013 Premierminister von Luxemburg, von 2004 bis 2013 Präsident der Euro-Gruppe und von 2014 bis 2019 Präsident der Europäischen Kommission.

HELMUT KOHL
ERINNERN

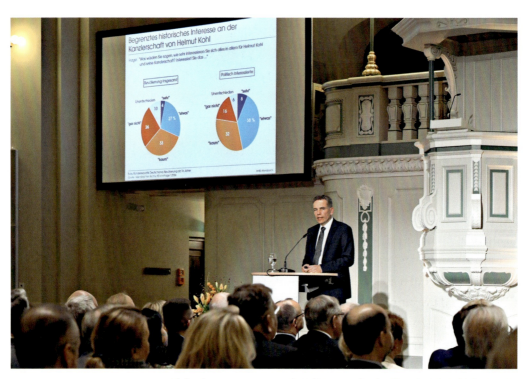

Michael Sommer vom Institut für Demoskopie Allensbach stellt die Studie »Helmut Kohl im Gedächtnis der Deutschen« vor

»Helmut Kohl im Gedächtnis der Deutschen« – Studie des Instituts für Demoskopie Allensbach

von Michael Sommer

Erinnerungen und Wissen ein Vierteljahrhundert nach dem Ende der Kanzlerschaft Helmut Kohls. Ergebnisse einer repräsentativen Befragung der Bevölkerung und der jungen Generation

Der frühere Bundeskanzler Helmut Kohl, selbst Historiker, war zutiefst überzeugt, dass Politik und Gesellschaft aus der Geschichte lernen können und müssen. Gerade die deutsche Geschichte verpflichtet zum historischen Rückblick, und die Leitlinien der Verfassung und Politik der Bundesrepublik in der Nachkriegszeit wurden in hohem Maße auch aus den historischen Erfahrungen in der ersten Hälfte des 20. Jahrhunderts abgeleitet, insbesondere in Abgrenzung von der Zeit des NS-Regimes 1933 bis 1945.

Auch die überwältigende Mehrheit der Bevölkerung in Deutschland ist überzeugt, dass man aus der Geschichte lernen und dadurch fatale Fehlentwicklungen vermeiden kann. Bei dieser Überzeugung gibt es einen breiten generationen- und parteiübergreifenden Konsens. Lediglich 14 Prozent der Bevölkerung bezweifeln den Wert historischen Wissens.

Es wird jedoch immer mehr zur Herausforderung, historische Erfahrungen lebendig zu halten. Die Überflutung mit tagesaktuellen Informationen, die zunehmende Komplexität politischer, wirtschaftlicher und gesellschaftlicher Entwicklungen sowie die rasche Abfolge von Krisen und Ereignissen absorbieren die Aufmerksamkeit der Menschen und erschweren die historische Erinnerung und die Vermittlung historischer Erfahrungen an die nächste Generation.

Die Bundeskanzler-Helmut-Kohl-Stiftung hat sich zur Aufgabe gemacht, die Erinnerung an die Kanzlerschaft Helmut Kohls lebendig zu halten, an

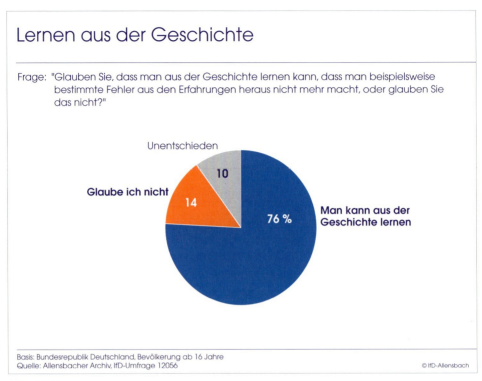

Schaubild 1

eine historische Epoche, die Deutschland und Europa verändert hat. In diesem Zusammenhang beauftragte die Stiftung das Institut für Demoskopie Allensbach mit Repräsentativbefragungen der Bevölkerung und der Generation der 15- bis 25-Jährigen, die erst gegen Ende oder nach der Kanzlerschaft von Helmut Kohl geboren wurden. Die repräsentative Befragung der Bevölkerung stützt sich auf 1046 Face-to-Face-Interviews, die Befragung der 15- bis 25-Jährigen auf 1002 Interviews, die ebenfalls *face to face* durchgeführt wurden. Damit können das Wissen und die Einschätzung der Kanzlerschaft Helmut Kohls auch in dieser jungen Generation in Untergruppen wie West und Ost, in den sozialen Schichten und nach politischem Interesse analysiert werden. Ergänzend werden Trenddaten aus dem Allensbacher Archiv herangezogen.[1]

Allensbach am Bodensee, am 31. August 2022

Kanzler der Einheit

Die Kanzlerschaft von Helmut Kohl ist in der Erinnerung derjenigen, die sie bewusst erlebt haben, nach wie vor sehr präsent. Das gilt insbesondere für die Generation der 60-Jährigen und Älteren, von denen sich 82 Prozent gut oder sogar sehr gut an diese anderthalb Jahrzehnte erinnern können; aber auch für annähernd zwei Drittel der 45- bis 59-Jährigen ist diese historische Phase präsent, die sie als 20- bis 30-Jährige erlebt haben. Von den Jüngeren, die während der Kanzlerschaft Kohls im Kindes- oder Jugendalter waren, hat dagegen nur noch eine Minderheit eigene konkrete Erinnerungen an diese Zeit. Die Erinnerung hängt jedoch nicht nur von dem Lebensalter ab, sondern auch von dem politischen Interesse. Von den politisch interessierten über 30-Jährigen erinnern sich 72 Prozent gut oder sogar sehr gut an diese Zeit, von den Desinteressierten dagegen nur 53 Prozent.[2]

Mit der Generationenfolge verschwinden nicht nur kollektive Erinnerungen an eine bestimmte Phase, sondern oft auch historisches Wissen.

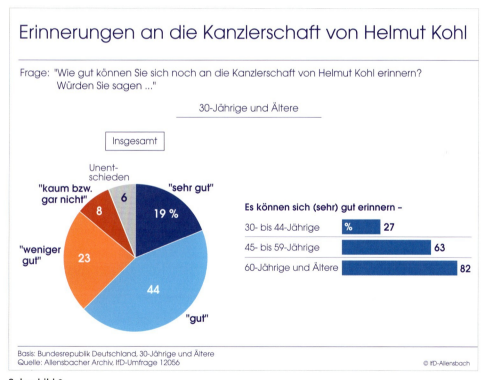

Schaubild 2

Dies zeigt unter anderem die Bewertung der Verhältnisse in der DDR in den letzten Jahren vor der »Wende« durch unter 30-Jährige. 1990 hatten 90 Prozent der jungen ostdeutschen Generation hier eine klare Position: 71 Prozent waren überzeugt, dass sich vieles ändern musste, 19 Prozent hielten die Verhältnisse für ganz erträglich. In den Folgejahren veränderte sich diese Bilanz: Die Überzeugung, dass die Verhältnisse in der DDR ganz erträglich waren, nahm vorübergehend signifikant zu, ging nach dem Ende der 90er Jahre jedoch wieder zurück. Das Bemerkenswerte ist allerdings, dass der Anteil der unter 30-jährigen Ostdeutschen, die sich kein Urteil über die letzte Phase der DDR zutrauen, seit 1990 und beschleunigt nach 2000 fast kontinuierlich wuchs, von 10 Prozent 1990 über 35 Prozent im Jahr 2001 bis auf 76 Prozent 30 Jahre nach dem Fall der Mauer.

Historisches Wissen generationenübergreifend zu vermitteln, Erfahrungen weiterzugeben, ist gerade in der heutigen von Informationsüberflutung gekennzeichneten, schnelllebigen, stark gegenwartsbezogenen Zeit eine

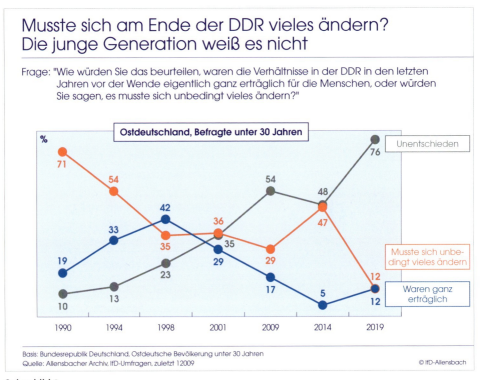

Schaubild 3

Herausforderung, umso mehr, als das Interesse an einzelnen historischen Phasen keineswegs vorausgesetzt werden kann – auch wenn sie mit tiefen historischen Einschnitten verbunden sind. Dies zeigt gerade auch das Interesse an Helmut Kohl und seiner Kanzlerschaft. Knapp ein Drittel der Bevölkerung interessiert sich zumindest begrenzt für diese historische Phase, 33 Prozent kaum, 26 Prozent gar nicht. Vor allem diejenigen, die generell politisch desinteressiert sind, bekunden auch hier Desinteresse. Von den politisch Interessierten sind immerhin 46 Prozent zumindest begrenzt an dieser historischen Phase interessiert, 8 Prozent sehr interessiert.

Dabei ist der überwältigenden Mehrheit durchaus bewusst, dass die Kanzlerschaft Kohls mit dem wohl tiefsten Einschnitt der deutschen Nachkriegsgeschichte verbunden ist, der deutschen Wiedervereinigung. Nichts verbindet die Bevölkerung mehr mit Helmut Kohl als dieses historische Ereignis: 78 Prozent assoziieren mit Helmut Kohl vor allem die deutsche Wiedervereinigung, gefolgt von seiner Partei (70 Prozent). Mit großem Ab-

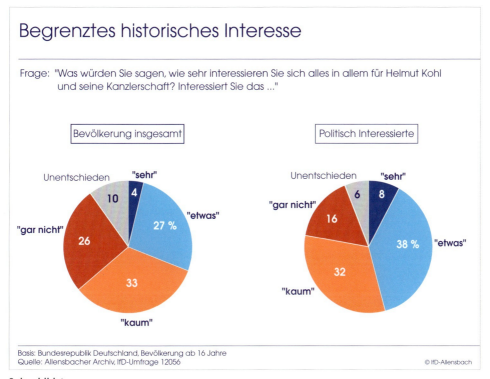

Schaubild 4

Schaubild 5

stand folgen sein gutes Verhältnis zu ausländischen Staatschefs, die Spendenaffäre und die Aussage über die blühenden Landschaften in Ostdeutschland und der Aufbau Ost. Auch seine Rolle bei der Einführung des Euro wird immerhin von 37 Prozent assoziiert, während nur knapp ein Drittel auch besonders an seinen Beitrag zur deutsch-französischen Versöhnung denkt, seine Rolle bei der europäischen Einigung und an den überzeugten Europäer Helmut Kohl. Diejenigen, die sich zumindest begrenzt für diese historische Phase interessieren, heben alle Aspekte überdurchschnittlich hervor, insbesondere den Aufbau Ost und die Aussage über die blühenden Landschaften in Ostdeutschland, den Beitrag zur deutsch-französischen Versöhnung und die Rolle bei der europäischen Einigung sowie die Erinnerung an den überzeugten Europäer Helmut Kohl.

Die Assoziationen verändern sich im Zeitverlauf: So sind Kohls Aussagen über die blühenden Landschaften in Ostdeutschland der Bevölkerung

Schaubild 6

heute mehr präsent als noch vor fünf Jahren, seine Rolle bei der europäischen Einigung und sein Beitrag zur deutsch-französischen Versöhnung dagegen weniger. Auch die Spendenaffäre tritt in den Hintergrund. Dagegen wird Helmut Kohl heute ähnlich wie vor einigen Jahren vor allem mit der deutschen Wiedervereinigung assoziiert: 2017 dachten 81 Prozent der Bevölkerung, wenn sie den Namen Helmut Kohl hörten, vor allem an die deutsche Wiedervereinigung, 2022 waren es 78 Prozent.

Auch in den Vorstellungen von der politischen Agenda Helmut Kohls dominiert die Wiederherstellung der Einheit. 66 Prozent der Bevölkerung sind überzeugt, dass das Zusammenwachsen von Ost- und Westdeutschland Helmut Kohl ein besonderes Anliegen war. Mit einigem Abstand folgen die europäischen Themen, insbesondere gute Beziehungen zu Frankreich, die Förderung der europäischen Integration, die Schaffung einer europäischen Gemeinschaftswährung und die Sicherung des Friedens in Europa. 51 Pro-

Schaubild 7

zent der Bevölkerung zählen gute Beziehungen zu Frankreich zu den wichtigsten Anliegen Helmut Kohls, 48 Prozent das Zusammenwachsen Europas, 47 Prozent die Schaffung einer europäischen Gemeinschaftswährung und 41 Prozent die Sicherung des Friedens in Europa. Die Bemühungen Kohls um gute Beziehungen zu Frankreich stehen der Bevölkerung weitaus mehr vor Augen als die Aussöhnung mit Polen, die lediglich 22 Prozent als besonderes Anliegen des früheren Kanzlers sehen. Die Rückbesinnung auf Werte, die geistig-moralische Wende, die in einer bestimmten Phase seiner Kanzlerschaft intensiv diskutiert wurde, rechnet dagegen nur eine kleine Minderheit zu den besonderen Anliegen Helmut Kohls; das gilt noch ausgeprägter für die Förderung des Zusammenhalts in der Gesellschaft: 11 Prozent der Bevölkerung sind überzeugt, dass Letzteres Helmut Kohl besonders wichtig war; 16 Prozent zählen die geistig-moralische Wende zu seinen besonderen Anliegen. Politisch Interessierte sehen die Agenda Helmut Kohls breiter; ih-

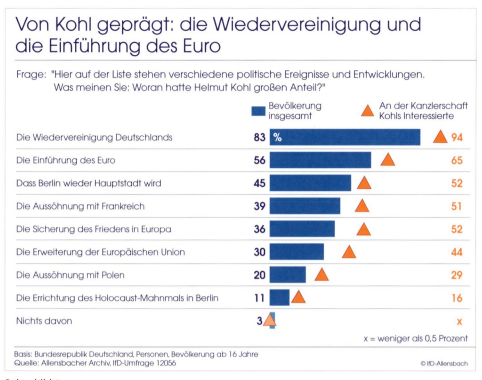

Schaubild 8

nen steht insbesondere der Europäer Kohl, aber auch der Transatlantiker und Anwalt der Einbindung Deutschlands in Bündnisse wie EU oder NATO deutlich mehr vor Augen als dem Durchschnitt der Bevölkerung. Während rund die Hälfte der Bevölkerung weiß, wie wichtig gute Beziehungen zu Frankreich Helmut Kohl waren, gilt dies für zwei Drittel der politisch Interessierten. Dass die Schaffung einer europäischen Gemeinschaftswährung eines seiner zentralen Anliegen war, wissen 47 Prozent der Bevölkerung, 58 Prozent der politisch Interessierten. Gute Beziehungen zu den USA rechnen 36 Prozent der Bevölkerung der politischen Agenda von Helmut Kohl zu, dagegen 47 Prozent der politisch Interessierten.

Helmut Kohl ist für die Bevölkerung der Kanzler der Deutschen Einheit. 83 Prozent schreiben ihm einen großen Anteil an der Wiedervereinigung Deutschlands zu, von denjenigen, die sich für die Phase seiner Kanzlerschaft interessieren, 94 Prozent. Bemerkenswert ist jedoch, dass der Mehr-

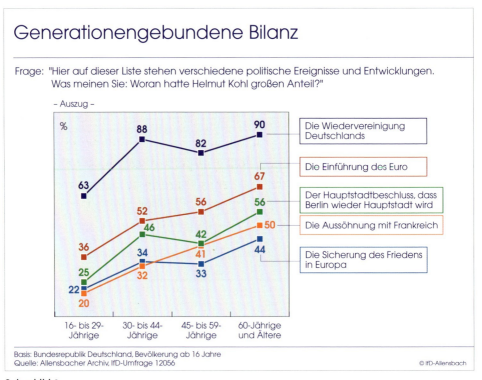

Schaubild 9

heit der Bevölkerung durchaus vor Augen steht, dass die Einführung des Euro in hohem Maße auf Helmut Kohl zurückgeht. Die Gemeinschaftswährung wurde ja erst vier Jahre nach dem Ende seiner Kanzlerschaft eingeführt; trotzdem wird die Einführung der europäischen Gemeinschaftswährung von 56 Prozent auch in hohem Maße mit Helmut Kohl verbunden. Darüber hinaus schreiben ihm viele einen erheblichen Anteil an der Entscheidung, Berlin zur Hauptstadt Deutschlands zu machen, zu, wie auch an der Aussöhnung mit Frankreich, der Sicherung des Friedens in Europa und der Erweiterung der Europäischen Union.

Bei der Bewertung dieser Bilanz der Bevölkerung ist zu berücksichtigen, dass sie nicht nur von dem politischen Interesse abhängt, sondern auch von dem Lebensalter. Diejenigen, die die Kanzlerschaft Kohls nicht selbst erlebt haben, sehen deutlich weniger Verdienste Helmut Kohls als die mittlere und insbesondere die ältere Generation. In den Vorstellungen der unter

30-Jährigen dominiert hier einseitig die Wiedervereinigung, und auch sie wird Helmut Kohl deutlich weniger zugerechnet als seitens der mittleren und älteren Generation: 63 Prozent der 16- bis 29-Jährigen sind überzeugt, dass Helmut Kohl großen Anteil an der Wiedervereinigung Deutschlands hatte, von den 60-Jährigen und Älteren dagegen 90 Prozent. Dass Helmut Kohl eine zentrale Rolle bei der Einführung des Euro spielte, ist nur 36 Prozent der unter 30-Jährigen bewusst, dagegen zwei Dritteln der 60-Jährigen und Älteren. Auch seine Rolle bei dem Hauptstadtbeschluss, bei der Aussöhnung mit Frankreich und der Friedenssicherung in Europa ist den verschiedenen Generationen in sehr unterschiedlichem Ausmaß bewusst: So wissen nur 20 Prozent der unter 30-Jährigen von seinem Engagement für die Aussöhnung mit Frankreich, dagegen 50 Prozent der 60-Jährigen und Älteren.

Auch die Frage, ob Helmut Kohl ein großes historisches Vermächtnis beziehungsweise Erbe hinterlassen hat, wird altersgebunden beantwortet. Die 45-Jährigen und Älteren sind mehrheitlich davon überzeugt, in der Generation der 30- bis 44-Jährigen knapp die Hälfte, in der jungen Generation dagegen nur 32 Prozent. Von den unter 30-Jährigen ist die Mehrheit bei dieser Frage unentschieden oder hat noch nichts Näheres über Helmut Kohl gehört. Insgesamt sind 47 Prozent der Bevölkerung überzeugt, dass Helmut Kohl ein großes historisches Erbe hinterlassen hat, lediglich 16 Prozent widersprechen dezidiert. Die ostdeutsche Bevölkerung ist noch mehr als die westdeutsche überzeugt, dass das historische Erbe Helmut Kohls beeindruckend ist. Darüber hinaus hängt diese Bilanz in hohem Maße von der parteipolitischen Position und von dem Interesse an dieser historischen Phase ab. Von den Anhängern der Unionsparteien sind zwei Drittel überzeugt, dass Helmut Kohl ein großes historisches Vermächtnis hinterlassen hat, von den Anhängern der SPD dagegen nur 44 Prozent, von den Anhängern der Grünen 30 Prozent. Diejenigen, die sich besonders für die Phase der Kanzlerschaft Kohls interessieren, ziehen weit überdurchschnittlich die Bilanz, dass sein historisches Vermächtnis eindrucksvoll ist.

Für die große Mehrheit der Bevölkerung steht auch außer Frage, dass Helmut Kohl zu den ganz großen politischen Persönlichkeiten des 20. Jahrhunderts zählt und dass Geschichtsbücher seine Kanzlerschaft insgesamt

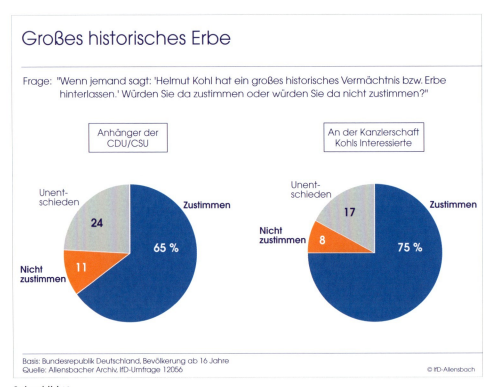

Schaubild 10

positiv bewerten werden. Dies belegt eine Untersuchung, die kurz nach seinem Tod durchgeführt wurde und bei der sich lediglich 6 Prozent der Bevölkerung überzeugt zeigten, dass in den Geschichtsbüchern bei der Bewertung von Helmut Kohl und seiner Amtszeit negative Aspekte überwiegen werden. 76 Prozent der Bevölkerung zeigten sich dagegen überzeugt, dass die Bilanz in den Geschichtsbüchern positiv ausfällt und künftig ausfallen wird; bei dieser Einschätzung zeigten sich interessanterweise nur sehr begrenzte Unterschiede zwischen den Anhängern der verschiedenen politischen Parteien. Auch die Anhänger der Linken, der Grünen und der SPD sind mit großer Mehrheit überzeugt, dass das geschichtliche Urteil über die Kanzlerschaft Helmut Kohls positiv ausfällt und künftig ausfallen wird.[3]

Bilanz der Einheit

Die Wiedervereinigung ist nicht nur das politische Ereignis, mit dem Helmut Kohl mehr als mit jedem anderen in Verbindung gebracht wird, sondern für die überwältigende Mehrheit der Bevölkerung auch das bedeutendste und einschneidendste Ereignis der deutschen Nachkriegsgeschichte. Für 88 Prozent gehört der Fall der Mauer zu den besonders prägenden Ereignissen der deutschen Nachkriegsgeschichte, für 84 Prozent die Wiedervereinigung, für 71 Prozent aber auch die Manifestation der Teilung mit dem Mauerbau 1961. Ähnlich bedeutend wird nur noch die Einführung des Euro eingeschätzt, die von 70 Prozent als besonders bedeutsam und prägend bewertet wird. Die Wiedervereinigung gehört auch zu den Ereignissen, die besonders in das persönliche Leben der Menschen und ihrer Familien eingegriffen haben. Gebeten, die historischen Ereignisse aus den letzten 100 Jahren zu nennen, die die eigene Familie beziehungsweise die Geschichte der eigenen Familie besonders geprägt und beeinflusst haben, nennen 38 Prozent der Bevölkerung die Wiedervereinigung, 37 Prozent die Zerstörungen und Opfer im Zweiten Weltkrieg, 31 Prozent den Wiederaufbau nach dem Zweiten Weltkrieg und 27 Prozent die Teilung Deutschlands durch den Mauerbau. Sowohl die Teilung als auch die Wiedervereinigung hatten in Ostdeutschland ungleich größere Auswirkungen als in Westdeutschland. Während in Westdeutschland 23 Prozent der Bevölkerung die Bilanz ziehen, dass die Teilung Deutschlands durch den Mauerbau die Geschichte ihrer Familie besonders geprägt und beeinflusst hat, gilt dies in Ostdeutschland für fast die Hälfte der Bevölkerung. Ähnlich ist die Diskrepanz in Bezug auf die Wiedervereinigung: 32 Prozent der Westdeutschen, 64 Prozent der Ostdeutschen ziehen die Bilanz, dass die Wiedervereinigung die Geschichte ihrer Familie besonders geprägt hat. Umgekehrt hat der Wiederaufbau nach dem Zweiten Weltkrieg das Leben westdeutscher Familien weitaus stärker verändert als das der ostdeutschen.

Untersuchungen in den letzten drei Jahrzehnten zeigten immer wieder, dass die Wiedervereinigung das Leben der ostdeutschen Bevölkerung weitaus stärker beeinflusst und verändert hat als das der westdeutschen. Die westdeutsche Bevölkerung empfindet zwar wie die ostdeutsche Bevölkerung die Wiedervereinigung als tiefen historischen Einschnitt, als beson-

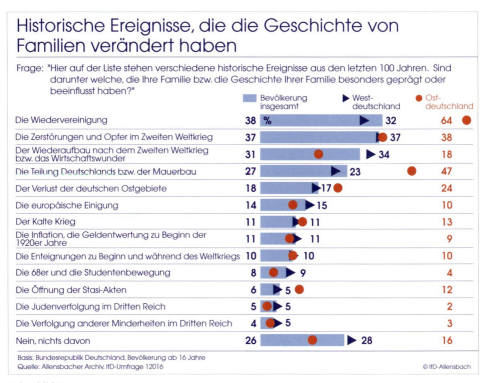

Schaubild 11

ders prägendes Ereignis in der deutschen Nachkriegsgeschichte; gleichzeitig tangierte die Wiedervereinigung das Leben der westdeutschen Bevölkerung jedoch weitaus weniger als das der ostdeutschen. Vor diesem Hintergrund ist überraschend, dass sich die Bilanz in West und Ost, wie weit sich die Kanzlerschaft von Helmut Kohl heute noch auf das eigene Leben auswirkt, nur marginal unterscheidet. Insgesamt ziehen 28 Prozent der gesamten Bevölkerung die Bilanz, dass die Kanzlerschaft von Helmut Kohl bis heute (sehr) große Auswirkungen auf ihr Leben hat; 30 Prozent konstatieren begrenzte Auswirkungen, 23 Prozent können für sich persönlich überhaupt keine Auswirkungen erkennen. In Ostdeutschland beträgt dieser Anteil 19 Prozent, während 32 Prozent für sich persönlich große oder sogar sehr große Auswirkungen der Kanzlerschaft Kohls diagnostizieren. Dieser Anteil liegt zwar höher als in Westdeutschland, aber die Abweichungen halten sich bemerkenswert in Grenzen, berücksichtigt man, welche

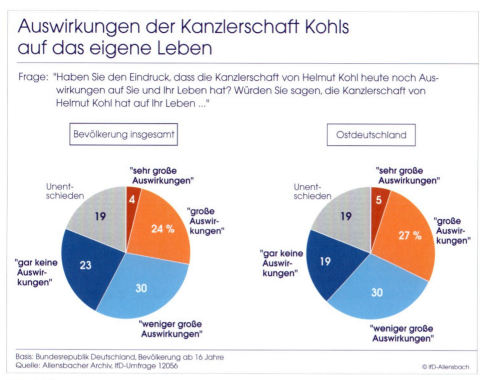

Schaubild 12

Bedeutung die ostdeutsche Bevölkerung der Wiedervereinigung für die Geschichte der eigenen Familie zuschreibt.

Die Gesamtbilanz der Wiedervereinigung fällt in Ost wie West weit überwiegend positiv aus. Für 60 Prozent der gesamten Bevölkerung ist die Wiedervereinigung alles in allem eine Erfolgsgeschichte, nur knapp jeder Fünfte widerspricht. In Ostdeutschland bewerteten 56 Prozent die Wiedervereinigung als Erfolgsgeschichte, während 20 Prozent eine kritische Bilanz zogen.[4] Quer durch alle Generationen und mit Ausnahme der AfD-Anhänger auch über Parteigrenzen hinweg wird eine weit überwiegend positive Bilanz der letzten 30 Jahre gezogen.

Die »blühenden Landschaften«, die Helmut Kohl 1990 für Ostdeutschland prognostizierte und die immer wieder Gegenstand von Kontroversen waren, werden heute differenziert bewertet, auch in Ostdeutschland. Zwar sind nur 20 Prozent der gesamten Bevölkerung, 18 Prozent der ostdeut-

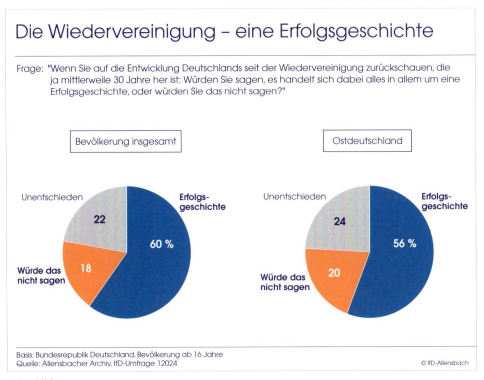

Schaubild 13

schen Bevölkerung überzeugt, dass Ostdeutschland im Großen und Ganzen von einer positiven wirtschaftlichen Entwicklung geprägt ist; viele konstatieren jedoch eine differierende Entwicklung, teils blühende Zentren, teils Regionen, die zurückgeblieben sind und von der Einheit nicht oder nur in unbefriedigendem Maße profitieren konnten. Diese durchaus realistische Einschätzung wird von 35 Prozent der gesamten Bevölkerung und auch 38 Prozent der Ostdeutschen vertreten. Demgegenüber sind nur 25 Prozent überzeugt, dass die blühenden Landschaften eine Fehlprognose waren und die wirtschaftliche Entwicklung Ostdeutschlands insgesamt negativ ist. In Ostdeutschland vertritt knapp jeder Dritte diese Position.

Diejenigen, die generell oder zumindest teilweise überzeugt sind, dass Ostdeutschland auch wirtschaftlich eine Erfolgsbilanz verzeichnet, beziffern den Zeitpunkt, seit dem in Ostdeutschland von blühenden Landschaften gesprochen werden kann, durchschnittlich mit ungefähr 2010, also rund

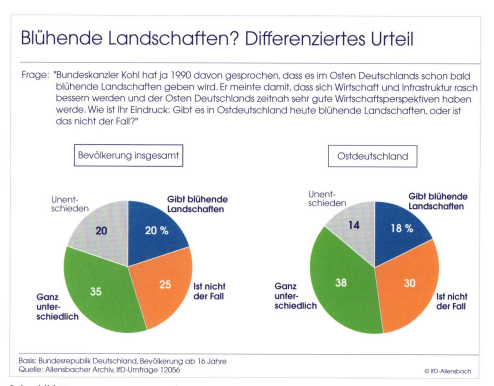

Schaubild 14

20 Jahre nach der Wiedervereinigung. In Bezug auf die eigene Region zieht die ostdeutsche Bevölkerung eher eine kritische Bilanz. 31 Prozent würden in Bezug auf die eigene Region von einer wirtschaftlichen Erfolgsgeschichte, von blühenden Landschaften sprechen, während 48 Prozent dieser Einschätzung widersprechen. Der Widerspruch kommt überdurchschnittlich aus den schwächeren sozialen Schichten.[5] Generell zeigt sich bei vielen Untersuchungen das Muster, dass die eigene wirtschaftliche Lage auch die Bewertung der wirtschaftlichen Situation in der näheren Region wie in der gesamten Republik beeinflusst.

Die Lebensverhältnisse in Ost und West haben sich in den letzten 30 Jahren angenähert, aber nicht völlig angeglichen. Die wirtschaftliche Entwicklung und die Vermögensbildung, die in den Nachkriegsjahrzehnten in Westdeutschland möglich waren, konnten in diesen Jahrzehnten nur teilweise aufgeholt werden. Immobilienbesitz und andere Vermögenswerte

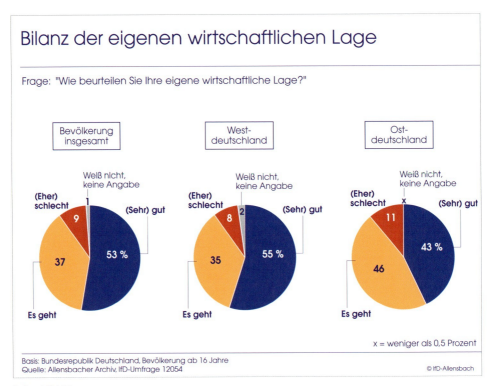

Schaubild 15

unterscheiden sich nach wie vor erheblich; so besitzen 55 Prozent der westdeutschen, 45 Prozent der ostdeutschen Bevölkerung Immobilien. Auch das durchschnittliche Niveau von Löhnen und Gehältern unterscheidet sich in Ost und West, wie auch die durchschnittliche Produktivität. Die subjektive Bilanz der eigenen wirtschaftlichen Lage fällt in Ostdeutschland heute signifikant besser aus als vor 30 Jahren. Damals bewerteten lediglich 34 Prozent der ostdeutschen Bevölkerung die eigene wirtschaftliche Lage positiv, heute 43 Prozent; gegenläufig ist der Anteil, der eine eindeutig negative Bilanz zieht, von 22 auf 11 Prozent zurückgegangen. 46 Prozent der ostdeutschen Bevölkerung stufen die eigene wirtschaftliche Lage als mittelmäßig, teils gut, teils schlecht ein. In Westdeutschland liegt dieser Anteil bei 35 Prozent, während 55 Prozent die eigenen wirtschaftlichen Verhältnisse eindeutig positiv bewerten, 8 Prozent negativ. Die Verbesserung der wirtschaftlichen Lage der ostdeutschen Bevölkerung setzte erst gegen Ende

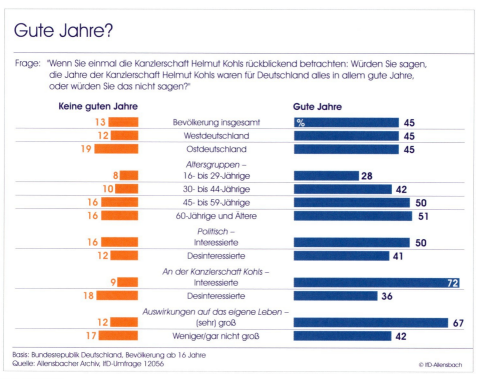

Schaubild 16

der Amtszeit von Helmut Kohl ein, da die erste Hälfte der 90er Jahre von der tiefen Rezession 1992/93 und stark steigender Arbeitslosigkeit geprägt war. Ende 1998 zogen jedoch bereits 47 Prozent der ostdeutschen Bevölkerung eine positive Bilanz ihrer eigenen Lage, während der Anteil, der die eigene wirtschaftliche Lage kritisch beschrieb, im selben Zeitraum von 22 auf 16 Prozent zurückging.[6]

Im Rückblick ziehen Ost- wie Westdeutsche überwiegend die Bilanz, dass die Jahre der Kanzlerschaft Helmut Kohls für Deutschland alles in allem gute Jahre waren. 45 Prozent der Ostdeutschen wie der Westdeutschen sind davon überzeugt; in der Altersgruppe der 45-Jährigen und Älteren, die diese Zeit bewusst erlebt haben, zieht die Mehrheit eine positive Bilanz, während nur 16 Prozent widersprechen. In Ostdeutschland halten es 19 Prozent für nicht gerechtfertigt, diese historische Phase als gute Jahre für Deutschland zu bewerten; damit gibt es in Ostdeutschland mehr kritische Stimmen, aber

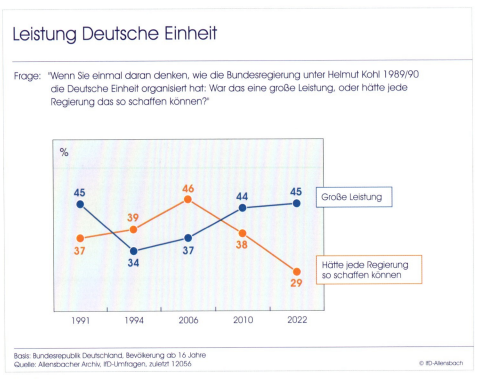

Schaubild 17

der Anteil, der eine positive Bilanz zieht, überwiegt auch dort bei Weitem. Interessant ist die weit überdurchschnittlich positive Bilanz derjenigen, die große Auswirkungen dieser historischen Phase auf ihr eigenes Leben konstatieren: Von ihnen bewerten zwei Drittel die Kanzlerschaft Helmut Kohls im Rückblick als für das Land insgesamt gute Jahre, nur 12 Prozent ziehen eine kritische Bilanz.

Die Organisation der Deutschen Einheit wird heute mehr als unmittelbar danach und insgesamt in den ersten anderthalb Jahrzehnten nach der Wiedervereinigung als große Leistung der damaligen Regierung unter Helmut Kohl bewertet. 45 Prozent der Bevölkerung fällen dieses Urteil, während 29 Prozent überzeugt sind, dass jede Regierung dies vergleichbar hätte leisten können. 1991 vertraten 37 Prozent die Position, dass auch jede andere Regierung die Einheit vergleichbar organisiert hätte, danach überwog diese Einschätzung sogar deutlich. In den letzten anderthalb Jahrzehnten hat

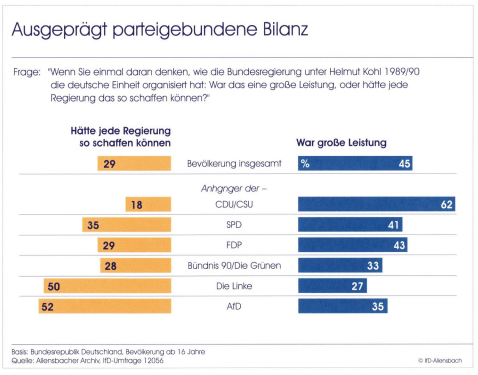

Schaubild 18

sich jedoch wieder die Anerkennung für die damalige Regierungsleistung durchgesetzt. Während 2006 noch 46 Prozent der Bevölkerung die Position vertraten, dass jede andere Regierung die Leistung hätte vergleichbar organisieren können, ging dieser Anteil bis 2010 auf 38 Prozent zurück, bis heute auf 29 Prozent.

Diese Bilanz wird jedoch auch heute noch in hohem Maße von der parteipolitischen Orientierung beeinflusst. Während von den Anhängern der Unionsparteien 62 Prozent die Organisation der Deutschen Einheit als außerordentliche Leistung der damaligen Regierung bewerten, stimmen hier nur 41 Prozent der Anhänger der SPD und 43 Prozent der FDP-Anhänger zu. Noch schwächer fällt die Anerkennung unter Anhängern von Bündnis 90/Die Grünen und insbesondere der Linken sowie der AfD aus. Bei den Anhängern der Linken und der AfD überwiegt die Überzeugung, dass jede andere Regierung die Einheit vergleichbar gestemmt hätte.

Die parteipolitische Positionierung beeinflusst das Urteil über die historische Bedeutung der bisherigen Kanzler

Frage: "Hier auf dieser Liste stehen alle bisherigen Bundeskanzler der Bundesrepublik Deutschland. Was würden Sie sagen, welche davon sind die bedeutendsten Kanzler in der bisherigen Geschichte der Bundesrepublik?"

	Anhänger von -					
	CDU/CSU %	SPD %	FDP %	Bündnis 90/Die Grünen %	Die Linke %	AfD %
Konrad Adenauer	70	55	64	48	42	68
Willy Brandt	38	68	52	50	72	25
Angela Merkel	55	40	50	59	40	13
Helmut Kohl	56	34	56	40	24	30
Helmut Schmidt	38	55	27	46	55	47
Ludwig Erhard	22	12	14	15	14	21
Gerhard Schröder	8	8	11	7	5	14
Kurt Georg Kiesinger	3	1	-	1	-	6

Basis: Bundesrepublik Deutschland, Bevölkerung ab 16 Jahre
Quelle: Allensbacher Archiv, IfD-Umfrage 12056
© IfD-Allensbach

Schaubild 19

Die parteipolitischen Positionen beeinflussen auch das Urteil über die historische Bedeutung der bisherigen Kanzler der Bundesrepublik Deutschland. Die Anhänger der Unionsparteien schreiben vor allem Konrad Adenauer, Helmut Kohl und Angela Merkel große historische Bedeutung zu, die Anhänger der SPD Willy Brandt und Helmut Schmidt. Dabei fällt auf, dass die Urteile über Helmut Kohl zwischen den Anhängern der verschiedenen Parteien, die bereits zur Zeit der Kanzlerschaft Kohls existierten, weitaus stärker differieren als die Urteile über Angela Merkel: Helmut Kohl zählen 56 Prozent der Unionsanhänger, aber nur 34 Prozent der Anhänger der SPD und 40 Prozent der Anhänger der Grünen zu den bedeutendsten Kanzlern der Republik, Angela Merkel dagegen 55 Prozent der Unionsanhänger, 40 Prozent der Anhänger der SPD und 59 Prozent der Anhänger von Bündnis 90/Die Grünen. Auch die Anhänger der Linken beurteilen die historische Bedeutung Helmut Kohls signifikant anders als die von Angela

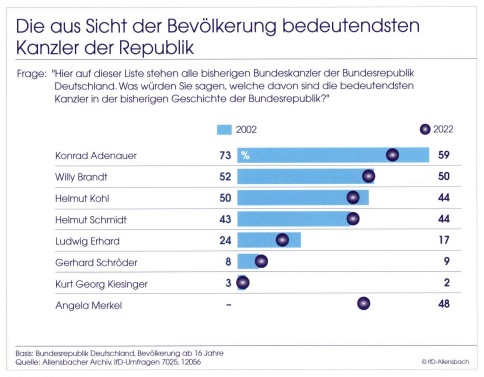

Schaubild 20

Merkel: Helmut Kohl polarisierte während seiner Amtszeit weitaus stärker als Angela Merkel, die oft mit einem präsidialen Regierungsstil in Verbindung gebracht wurde. Für die Anhänger der Grünen führt Angela Merkel in der Rangfolge der bedeutendsten Kanzler; dies hat allerdings auch mit dem deutlich niedrigeren Durchschnittsalter der Anhänger der Grünen zu tun; auch die Generation der unter 30-Jährigen, die keinen anderen Kanzler bewusst erlebt hat, nennt Angela Merkel am häufigsten als historisch besonders bedeutende Kanzlerin.

Insgesamt steht Konrad Adenauer nach wie vor an der Spitze, wenn die Bevölkerung die aus ihrer Sicht bedeutendsten Kanzler nominiert. 59 Prozent zählen Konrad Adenauer zu den bedeutendsten Kanzlern, 50 Prozent Willy Brandt, knapp jeder Zweite Angela Merkel, jeweils 44 Prozent Helmut Kohl und Helmut Schmidt. Vor allem Adenauer, tendenziell aber auch Ludwig Erhard und Helmut Kohl werden heute seltener nominiert als vor

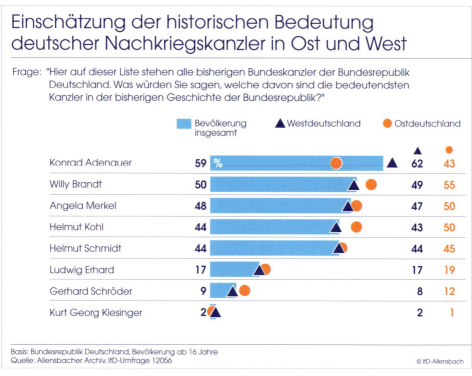

Schaubild 21

20 Jahren. Damals rechneten 73 Prozent der Bevölkerung Konrad Adenauer zu den bedeutendsten Kanzlern, aktuell 59 Prozent; Nominierungen von Ludwig Erhard sind von 24 auf 17 Prozent zurückgegangen, von Helmut Kohl von 50 auf 44 Prozent. Dies hat auch damit zu tun, dass mit Angela Merkel diesmal eine weitere ehemalige Kanzlerin zur Diskussion stand, wodurch zumindest begrenzt Stimmen von anderen CDU-Kanzlern abgezogen wurden.

Das Votum von West- und Ostdeutschland unterscheidet sich in einigen Punkten. Das gilt besonders für die Nominierung von Konrad Adenauer, dem in Ostdeutschland weitaus weniger historische Bedeutung zugeschrieben wird als in Westdeutschland: 62 Prozent der Westdeutschen, aber nur 43 Prozent der Ostdeutschen zählen Konrad Adenauer zu den bedeutendsten Kanzlern in der bisherigen Geschichte der Bundesrepublik. Dagegen schreibt die ostdeutsche Bevölkerung insbesondere Helmut Kohl und Willy

Brandt, begrenzt auch Angela Merkel und Gerhard Schröder überdurchschnittlich Bedeutung zu: 43 Prozent der Westdeutschen, 50 Prozent der Ostdeutschen zählen Helmut Kohl zu den bedeutendsten Kanzlern, 49 Prozent der Westdeutschen und 55 Prozent der Ostdeutschen Willy Brandt.

Europa und die Gemeinschaftswährung – Projekte zur Friedenssicherung

Neben der Wiedervereinigung und dem Zusammenwachsen Deutschlands gelten vor allem das deutsch-französische Verhältnis, die europäische Integration und die Einführung einer europäischen Gemeinschaftswährung als die Ziele, die Helmut Kohl besonders wichtig waren. Er hat dieses Engagement oft mit den historischen Erfahrungen in der ersten Hälfte des 20. Jahrhunderts begründet und daraus abgeleitet, dass alles getan werden müsse, um die europäischen Staaten enger aneinander zu binden und damit erneute kriegerische Auseinandersetzungen zu vermeiden. Die Europäische Union und auch die Etablierung einer Gemeinschaftswährung waren für Helmut Kohl in hohem Maße Projekte zur Friedenssicherung.

Die Mehrheit der deutschen Bevölkerung war über die letzten Jahrzehnte hinweg überzeugt, dass Europa die Zukunft ist; lediglich 2011, unter dem Eindruck der Krise in der Euro-Zone, wurde dieses Vertrauen vorübergehend erschüttert. Schon 2012 war jedoch schon wieder die Mehrheit überzeugt, dass die Zukunft Deutschlands im europäischen Verbund liegt. Aktuell vertreten 50 Prozent der Bevölkerung diese Position, während 27 Prozent widersprechen.[7] Wenn die Mitgliedschaft in der Europäischen Union zur Diskussion gestellt wird, spricht sich in Deutschland immer eine überwältigende Mehrheit von 70 bis 80 Prozent für die Mitgliedschaft aus, nur zwischen 6 und 11 Prozent dagegen.[8] Der Rückhalt für die Europäische Union ist bei aller durchaus weit verbreiteten Kritik an dem Ausmaß der Regulierung und Bürokratie wie auch an – nach dem Eindruck der Mehrheit – zu geringer Geschlossenheit der Mitgliedsländer in Deutschland weit stabiler als bei wichtigen Partnerländern wie Frankreich oder Italien. In Deutschland ist auch nur eine Minderheit überzeugt, dass Deutschlands internationale Einflussmöglichkeiten ohne die Einbindung in die EU ähnlich groß wären.

Die Friedenssicherung rückt für die Bevölkerung stärker in den Vordergrund

Frage: "Hier unterhalten sich zwei darüber, warum sie die Europäische Union wichtig finden. Wem würden Sie eher zustimmen?"

	2014 %	2022 %
"Ich finde die Europäische Union vor allem als Wirtschaftsgemeinschaft wichtig. Was am Ende zählt, ist, dass alle Mitgliedsländer durch die Möglichkeit, frei miteinander zu handeln, einen wirtschaftlichen Nutzen durch die Gemeinschaft haben."	33	33
"Das sehe ich anders. Ich finde die Europäische Union vor allem als politische Gemeinschaft wichtig. Dadurch, dass alle Mitgliedsländer politisch eng miteinander verbunden sind, ist der Frieden innerhalb der Union (2014: in Europa) garantiert."	37	44
Unentschieden	30	23
	100	100

Basis: Bundesrepublik Deutschland, Bevölkerung ab 16 Jahre
Quelle: Allensbacher Archiv, IfD-Umfragen 11024, 12056

© IfD-Allensbach

Schaubild 22

Die Europäische Union wird von der Mehrheit auch keineswegs ausschließlich als wirtschaftlicher Zweckverbund gesehen, sondern als Gemeinschaft, die trotz aller Regulierung auch Freiheitsspielräume vergrößert und darüber hinaus den Frieden sichert. 72 Prozent der Bevölkerung sehen die EU als Wirtschaftsgemeinschaft, 69 Prozent aber auch als Europa ohne Grenzen, in dem man ungehindert reisen und seinen Beruf ausüben kann, 54 Prozent als einen Garanten von Sicherheit, dass die Mitgliedsländer nicht mehr gegeneinander Krieg führen. 57 Prozent assoziieren die EU darüber hinaus mit Vorteilen für die Verbraucher durch den gemeinsamen Wirtschaftsraum und die gemeinsame Währung.[9]

Wenn die Rolle der Wirtschaftsunion und die Funktion der Friedenssicherung gegeneinandergestellt werden, bewertet die Bevölkerung die Funktion der Friedenssicherung sogar höher als die der Wirtschaftsgemeinschaft: 33 Prozent finden die Europäische Union vor allem als Wirtschafts-

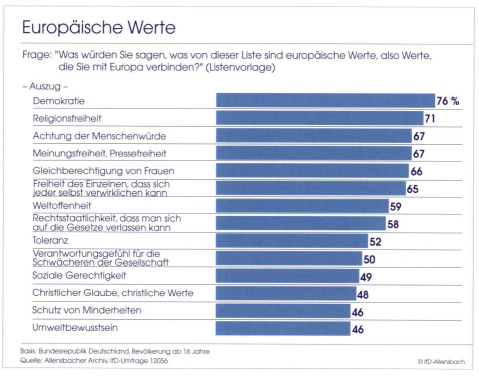

Schaubild 23

gemeinschaft wichtig, 44 Prozent vor allem als politische Gemeinschaft, die die Mitgliedsländer so eng aneinanderbindet, dass sie keinen Krieg gegeneinander führen. Diese Sichtweise überwog zwar schon in der Mitte des vergangenen Jahrzehnts, hat jedoch unter dem Eindruck des Ukrainekriegs für die Bevölkerung an Bedeutung gewonnen. 2014 hatte der Gedanke der Friedenssicherung durch die Europäische Union für 37 Prozent Priorität, aktuell für 44 Prozent.

Europa wird gleichzeitig in hohem Maße mit einem Wertekanon verbunden, der außerordentlich eindrucksvoll ist. So assoziiert die überwältigende Mehrheit mit Europa Demokratie, Religionsfreiheit, Achtung der Menschenwürde, Meinungsfreiheit, die Freiheit des Einzelnen, sich selbst zu verwirklichen, und die Gleichberechtigung von Frauen, knapp 60 Prozent auch Weltoffenheit und Rechtsstaatlichkeit. Rund die Hälfte der Bevölkerung hält darüber hinaus Toleranz, Verantwortungsgefühl für die Schwä-

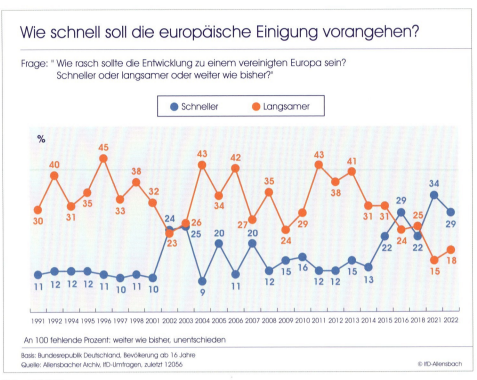

Schaubild 24

cheren der Gesellschaft und soziale Gerechtigkeit für europäische Werte. Vieles davon unterscheidet Europa tatsächlich von anderen Weltregionen, und dies mit zunehmender Tendenz.

Europa als Wertegemeinschaft wird in der öffentlichen Debatte nur selten behandelt, obwohl diese Werte das Potenzial haben, eine stärkere Identifikation mit Europa zu fördern.

Trotz des breiten Rückhalts für den europäischen Verbund ist eine Beschleunigung der europäischen Integration auch in Deutschland keineswegs populär. Die meisten Menschen wollen an dem bisherigen Tempo festhalten; 29 Prozent plädieren für eine Beschleunigung, 18 Prozent für eine Verlangsamung der Entwicklung hin zu einem stärker vereinigten Europa. Die Langzeitanalyse zeigt allerdings, dass die Bevölkerung einer Beschleunigung der europäischen Integration zurzeit positiver gegenübersteht als in den letzten drei Jahrzehnten. Meist war der Anteil der Bevölkerung, der sich für eine Verlangsamung der europäischen Integration aussprach, signifikant größer als das Plädoyer für eine Beschleunigung: So sprachen sich noch vor knapp zehn Jahren 41 Prozent für eine Verlangsamung und nur 15 Prozent für eine Beschleunigung aus.

Dass im Zeitverlauf eine deutliche Zurückhaltung gegenüber einer stärkeren europäischen Integration zu beobachten ist, hat auch damit zu tun, dass die Europäische Union der Bevölkerung in der Berichterstattung und öffentlichen Diskussion primär über Krisen, Dissens und Schwierigkeiten, eine Einigung zu erzielen, begegnet.

Allmählicher Vertrauensgewinn der Gemeinschaftswährung

Auch ein gravierender Integrationsschritt, die Einführung der europäischen Gemeinschaftswährung, wird heute noch von der Bevölkerung mit erheblicher Skepsis bewertet. Zwar hält eine relative Mehrheit die Einführung des Euro mittlerweile für eine gute Entscheidung – 43 Prozent sind davon überzeugt –, doch 34 Prozent sehen die Gemeinschaftswährung auch heute kritisch, weitere 23 Prozent trauen sich kein Urteil zu. Der deutschen Bevölkerung fiel der Abschied von der nationalen Währung, die weltweit als eine der stabilsten Anerkennung fand, außerordentlich schwer. Die junge Generation, die mehrheitlich keine Erfahrung mit der D-Mark mehr hat, sieht den Schritt zu einer europäischen Gemeinschaftswährung wesentlich positiver: Von den unter 30-Jährigen halten 57 Prozent die Einführung des Euro für eine gute Entscheidung, während sich nur 13 Prozent kritisch äußern.[10]

Allmählich wächst jedoch das Vertrauen in die europäische Währung. In den ersten 15 Jahren nach ihrer Einführung überwog nur einmal das Vertrauen gegenüber skeptischen Urteilen: Unmittelbar nach der Einführung führte die Erleichterung der Bevölkerung, dass dieser organisatorische Schnitt gelungen war, zu einem kurzen Vertrauensgewinn. 49 Prozent der Bevölkerung bekundeten 2002 unmittelbar nach der Einführung großes oder sogar sehr großes Vertrauen in die gemeinsame europäische Währung, während sich nur 40 Prozent skeptisch äußerten. Schon ein Jahr nach der Einführung fiel das Stimmungsbild völlig anders aus. Zu diesem Zeitpunkt sprachen nur 29 Prozent der europäischen Gemeinschaftswährung

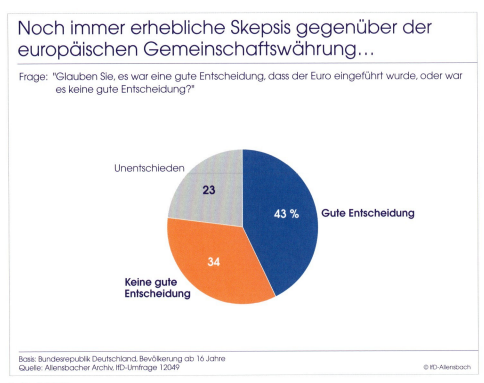

Schaubild 25

das Vertrauen aus, dagegen 60 Prozent ihr Misstrauen. Von diesem Zeitpunkt an überwog das Misstrauen über lange Zeit, besonders ausgeprägt in der Phase, in der die Krise in der Euro-Zone weite Teile der Bevölkerung befürchten ließ, durch die Gemeinschaftswährung materielle Nachteile zu erleiden. Noch zum Jahresbeginn 2017 überwog die Skepsis, hat sich seither jedoch deutlich zurückgebildet. Nach wie vor bleibt das Vertrauen in den Euro jedoch weit hinter dem Vertrauen zurück, das die nationale Währung genoss.

Wie sich das Vertrauen in den Euro in den nächsten Jahren entwickeln wird, ist angesichts der aktuellen wirtschaftlichen Krisen und Wechselkursveränderungen offen. Es ist nicht ausgemacht, dass der Euro auch in den nächsten Jahren in Deutschland überwiegend Vertrauen genießen wird.

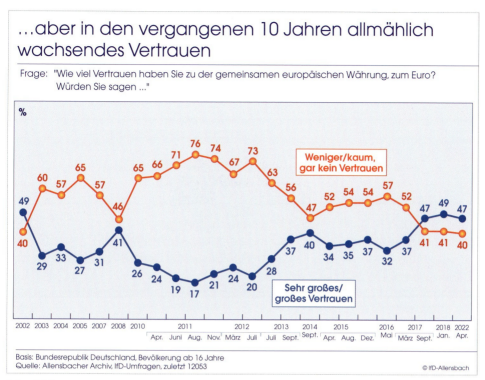

Schaubild 26

Die »Gnade der späten Geburt«

Helmut Kohls Verdikt von der Gnade der späten Geburt gehört zu einer seiner meistzitierten und auch -diskutierten Äußerungen. Immerhin 40 Prozent der gesamten Bevölkerung ist diese Äußerung ein Begriff, unter politisch Interessierten 51 Prozent und unter denjenigen, die sich besonders für die Phase der Kanzlerschaft Kohls interessieren, 54 Prozent. Dabei unterscheiden sich die Ergebnisse erheblich zwischen den Generationen: Von den 60-Jährigen und Älteren erinnern sich 57 Prozent an diese Äußerung, während nur eine Minderheit der 30- bis 44-Jährigen und insbesondere der unter 30-Jährigen schon davon gehört hat; so ist 28 Prozent der 30- bis 44-Jährigen diese Äußerung ein Begriff, aber gerade einmal 16 Prozent der unter 30-Jährigen.

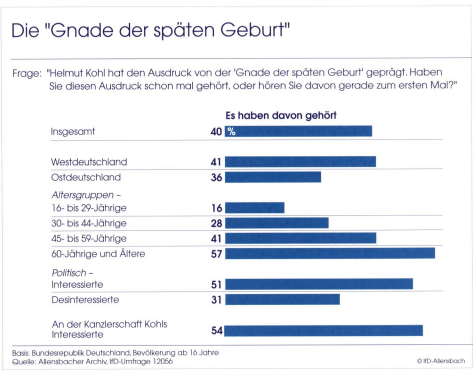

Schaubild 27

Die Mehrheit derjenigen, denen die Äußerung von der Gnade der späten Geburt ein Begriff ist, können sie auch durchaus mit dem richtigen oder zumindest annähernd richtigen Gehalt füllen. Jeder Fünfte, der sich an diese Äußerung erinnert, muss jedoch passen, weitere 9 Prozent verbinden sie mit einem falschen Inhalt. Wenn die Gnade der späten Geburt mit einer inhaltlichen Erläuterung zur Diskussion steht, gibt es jedoch bei der Bewertung einen denkbar breiten Konsens. 78 Prozent stimmen Helmut Kohls Äußerung zu, nur 6 Prozent sehen diese Äußerung kritisch. Die Zustimmung geht quer durch alle sozialen Schichten, parteipolitischen Lager, Generationen und stimmt auch zwischen West und Ost nahezu völlig überein.

Die enge Korrelation zwischen dem erreichten Alter und der Vertrautheit mit der Äußerung von der Gnade der späten Geburt zeigt jedoch einmal mehr, wie schwierig es ist, historische Erfahrungen und auch wichtige Debatten und Interpretationsmuster über die Generationen hinweg weiterzugeben.

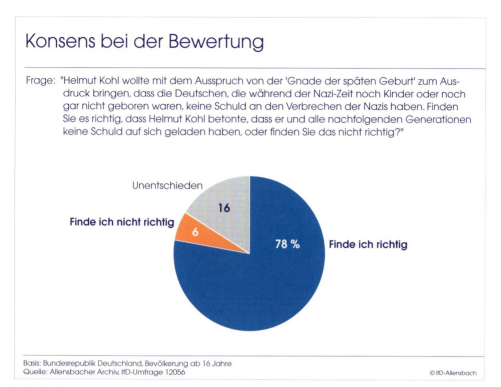

Schaubild 28

Begrenztes Wissen über die Kanzlerschaft Kohls unter 15- bis 25-Jährigen

Die separate Befragung 15- bis 25-Jähriger zeigt ein durchaus beachtliches Interesse an Politik und Geschichte, allerdings mit deutlicher Abstufung. 58 Prozent der 15- bis 25-Jährigen interessieren sich für aktuelle politische Entwicklungen, 41 Prozent für deutsche Geschichte. Wer sich für die deutsche Geschichte interessiert, interessiert sich in der Regel auch für die aktuelle Politik. So umfasst der Kreis der 15- bis 25-Jährigen, die sich sowohl für deutsche Geschichte wie für aktuelle politische Entwicklungen interessieren, 36 Prozent.

Dabei ist Interesse an geschichtlichen Themen keineswegs ein Garant für profundes Wissen. Die Jugendlichen und jungen Erwachsenen, die Interesse an Geschichte bekunden, geben gleichzeitig zu Protokoll, dass sie nur wenig oder so gut wie nichts über Helmut Kohl wissen. In dieser Alters-

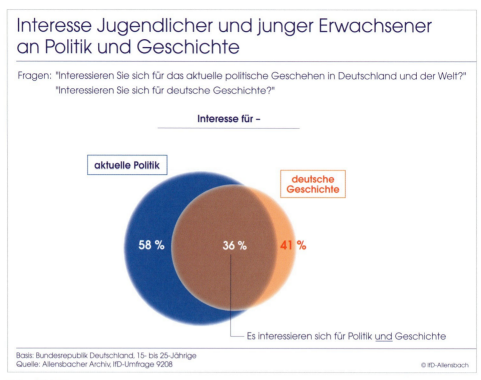

Schaubild 29

gruppe haben 16 Prozent den Namen Helmut Kohl noch nicht gehört, unter den an Geschichte Interessierten 5 Prozent. Von den 15- bis 25-Jährigen, denen Helmut Kohl ein Begriff ist, ziehen nur 23 Prozent die Bilanz, dass sie über ihn und seine Kanzlerschaft einiges wissen; jeder Zweite beschreibt den eigenen Informationsstand als gering, 24 Prozent geben zu Protokoll, dass sie kaum etwas oder nichts über die Kanzlerschaft Kohls wissen. Auch von den an Geschichte Interessierten schreiben sich lediglich 40 Prozent einiges Wissen über die Phase seiner Kanzlerschaft zu.

Die Informationsquellen sind vor allem die Schulen, die Erzählungen von Angehörigen und das Fernsehen. 73 Prozent der 15- bis 25-Jährigen, denen Helmut Kohl ein Begriff ist, haben ihr Wissen unter anderem aus dem Schulunterricht bezogen, zwei Drittel durch Erzählungen von Eltern, Großeltern und anderen Angehörigen, jeder zweite 15- bis 25-Jährige aus dem Fernsehen. Diejenigen, die die Bilanz ziehen, dass sie einiges über

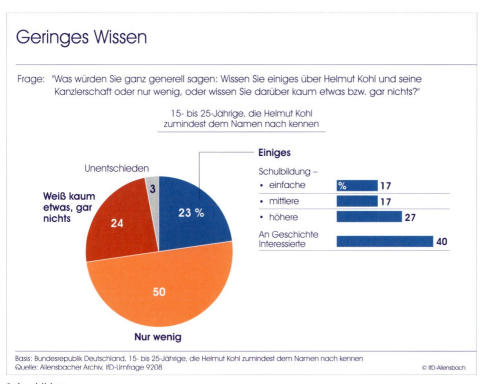

Schaubild 30

die Kanzlerschaft Helmut Kohls wissen, nennen alle Informationsquellen überdurchschnittlich, vor allem Erzählungen von anderen als ihren Angehörigen, die die Kanzlerschaft Helmut Kohls miterlebt haben, sowie Printmedien und Bücher über Geschichte.

Die Jugendlichen und jungen Erwachsenen kennen vor allem Angela Merkel, die einzige Kanzlerin, die die meisten in dieser Altersgruppe bis zur Wahl im letzten Jahr bewusst erlebt haben. Sie ist praktisch allen 15- bis 25-Jährigen ein Begriff, gefolgt von Helmut Kohl und Gerhard Schröder, die einen Bekanntheitsgrad von 84 Prozent erreichen, vor Konrad Adenauer (78 Prozent), Willy Brandt (73 Prozent) und Helmut Schmidt (68 Prozent). In Ostdeutschland verfügen Helmut Kohl und Gerhard Schröder bei 15- bei 25-Jährigen über einen höheren Bekanntheitsgrad als in Westdeutschland, Konrad Adenauer, Willy Brandt, Helmut Schmidt, Ludwig Erhard und Kurt Georg Kiesinger über einen tendenziell geringeren.

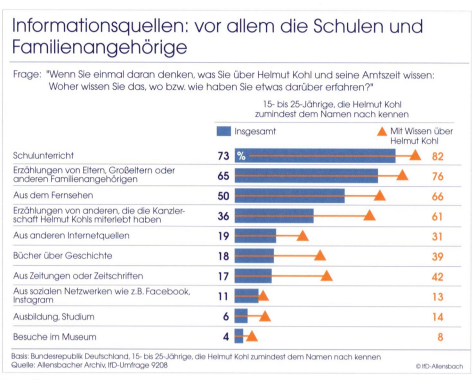

Schaubild 31

Bemerkenswert ist, dass Konrad Adenauer auch in der jungen Generation nicht nur zu den bekanntesten Kanzlern gehört, sondern dass ihm neben Angela Merkel und Helmut Kohl auch die größte historische Bedeutung zugeschrieben wird. Die Generation der 15- bis 25-Jährigen, die nur eine Kanzlerschaft bewusst erlebt hat, zählt vor allem Angela Merkel zu den bedeutendsten Kanzlern in der bisherigen Geschichte, gefolgt von Konrad Adenauer und Helmut Kohl: 59 Prozent der 15- bis 25-Jährigen sind überzeugt, dass Angela Merkel zu den bedeutendsten Kanzlern der bisherigen Geschichte zählt; 47 Prozent nennen Konrad Adenauer, 41 Prozent Helmut Kohl. Ostdeutsche Jugendliche und junge Erwachsene stellen eine andere Rangfolge her: Auch sie nennen am häufigsten Angela Merkel, auf dem zweiten Rang jedoch Helmut Kohl, den 40 Prozent der 15- bis 25-jährigen Westdeutschen, aber 52 Prozent der gleichaltrigen Ostdeutschen zu den besonders bedeutenden Kanzlern zählen. 15- bis 25-Jährige, die sich für Ge-

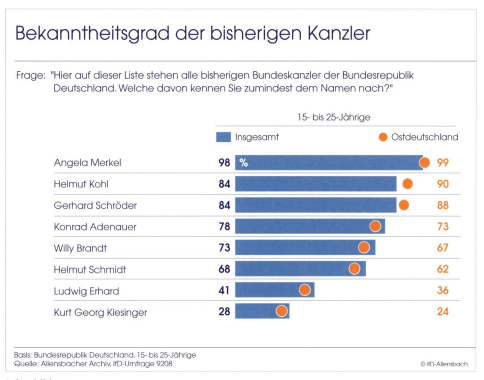

Schaubild 32

schichte interessieren, rechnen Konrad Adenauer, Helmut Kohl und Willy Brandt weit überdurchschnittlich zu den besonders bedeutenden Kanzlern. Bei ihnen rangiert Konrad Adenauer mit 63 Prozent an der Spitze, knapp gefolgt von Angela Merkel und Helmut Kohl.

Bei der Bewertung dieser Daten ist der unterschiedliche Bekanntheitsgrad der verschiedenen Kanzler zu berücksichtigen. Entsprechend wurde noch einmal eine Auswertung für diejenigen vorgenommen, die den jeweiligen Kanzler kennen. Dies erhöht die Einordnung als bedeutende Kanzler für Adenauer, Kohl, Brandt und Schmidt. Adenauer zieht dabei mit Angela Merkel gleich, ansonsten bleibt die Rangfolge unverändert.

Die Mehrheit der an Geschichte interessierten 15- bis 25-Jährigen ist überzeugt, dass Helmut Kohl zu den ganz großen Männern des 20. Jahrhunderts zählt. Von den 15- bis 25-Jährigen, die Helmut Kohl zumindest dem Namen nach kennen, sind davon 47 Prozent überzeugt, von den geschichtlich In-

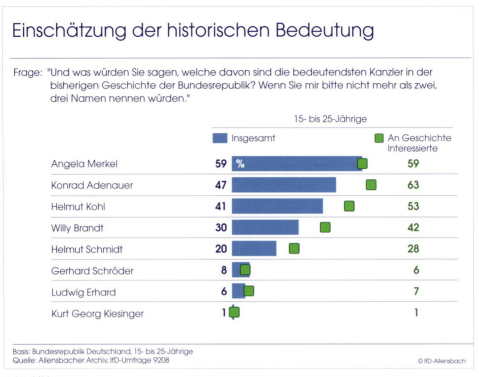

Schaubild 33

teressierten 58 Prozent. Lediglich knapp jeder Fünfte zweifelt an der historischen Bedeutung; ein erheblicher Teil dieser Generation ist jedoch in dieser Frage unentschieden: 35 Prozent der 15- bis 25-Jährigen trauen sich kein Urteil zu, ob Helmut Kohl zu den großen Männern des 20. Jahrhunderts zählt, von den geschichtlich Interessierten 24 Prozent. Dies ist vor allem Ausdruck des geringen Wissens, das sich die Jugendlichen und jungen Erwachsenen selbst zuschreiben. Von der Minderheit, die über einiges Wissen über die Kanzlerschaft Helmut Kohls verfügt, zählen 75 Prozent Helmut Kohl zu den bedeutenden Männern des 20. Jahrhunderts, lediglich 11 Prozent trauen sich kein Urteil zu.

Wenn 15- bis 25-Jährige nach ihren spontanen Assoziationen zu Helmut Kohl gefragt werden, nennt die Mehrheit nur den Fall der Mauer und die Wiedervereinigung. 54 Prozent der Jugendlichen und jungen Erwachsenen, denen Helmut Kohl ein Begriff ist, denken an dieses einmalige historische

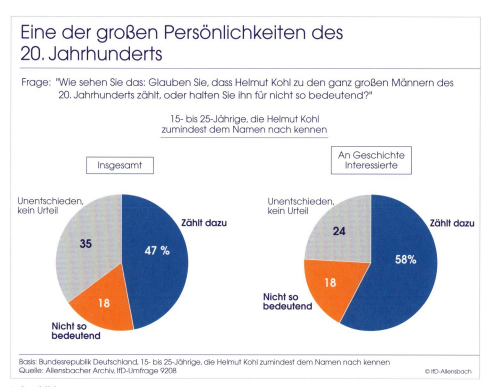

Schaubild 34

Ereignis; mit großem Abstand folgen Assoziationen zu seinem Amt (28 Prozent), dem Engagement für Europa und Assoziationen zu seinem Aussehen, seiner Familie und persönlichen Vorlieben (jeweils 10 Prozent). Nur 4 Prozent nennen spontan die deutsch-französische Freundschaft, 8 Prozent die Einführung des Euro, eine verschwindende Minderheit von 1 Prozent den Aufbau Ost beziehungsweise seine Aussage zu den blühenden Landschaften. Knapp jeder Vierte der 15- bis 25-Jährigen, denen Helmut Kohl ein Begriff ist, kann hier spontan keinerlei Angaben machen.

Wenn die Assoziationen gestützt erfragt werden, fallen die Ergebnisse deutlich anders aus. Dann assoziieren 79 Prozent Helmut Kohl mit seiner Partei, 77 Prozent mit der Wiedervereinigung, 52 Prozent auch mit dem Aufbau Ost. Mit einigem Abstand, aber doch beachtlichen Nennungen folgen Assoziationen zum Frieden in Europa, zur Einführung des Euro und zur deutsch-französischen Freundschaft. 37 Prozent der 15- bis 25-Jährigen,

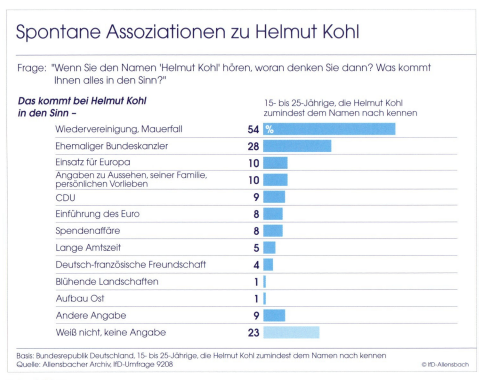

Schaubild 35

denen Helmut Kohl ein Begriff ist, assoziieren ihn mit Frieden in Europa, 35 Prozent mit der Einführung des Euro. Das bedeutet nicht, dass zwei Drittel keinerlei Verbindung zwischen Helmut Kohl und der Einführung des Euro sehen, aber immerhin 37 Prozent der 15- bis 25-Jährigen, denen Helmut Kohl zumindest dem Namen nach ein Begriff ist, sehen keinen Zusammenhang zwischen Helmut Kohl und der Einführung des Euro, 32 Prozent keinen Zusammenhang mit der deutsch-französischen Freundschaft, 29 Prozent mit der Friedenssicherung in Europa. Ostdeutsche 15- bis 25-Jährige stellen deutlich mehr als gleichaltrige Westdeutsche Verbindungen zum Aufbau Ost und den blühenden Landschaften her. Während nur 51 Prozent der Westdeutschen in diesem Alter Helmut Kohl mit dem Aufbau Ost assoziieren, gilt dies für 63 Prozent der gleichaltrigen Ostdeutschen; blühende Landschaften verbinden 19 Prozent der 15- bis 25-jährigen Westdeutschen mit Helmut Kohl, 31 Prozent der Ostdeutschen. An Geschichte interessierte

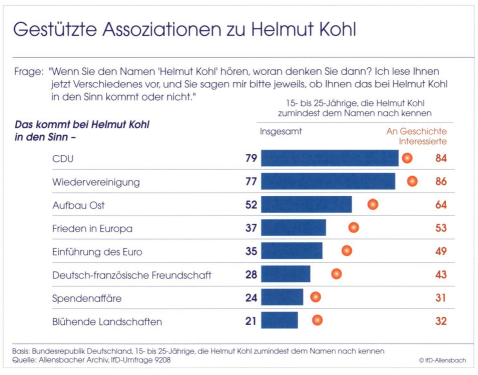

Schaubild 36

Jugendliche und junge Erwachsene assoziieren sowohl den Aufbau Ost als auch alle europäischen Themen weit überdurchschnittlich mit Helmut Kohl.

Die an Geschichte interessierten 15- bis 25-Jährigen stellen auch weit überdurchschnittlich eine Verbindung zwischen der Kanzlerschaft von Helmut Kohl und ihrer eigenen Lebenssituation heute her. So sind 47 Prozent der historisch interessierten Jugendlichen und jungen Erwachsenen überzeugt, dass die Kanzlerschaft Helmut Kohls auch heute noch große oder sogar sehr große Auswirkungen auf ihr Leben hat; eine Überzeugung, die von den geschichtlich Desinteressierten lediglich 16 Prozent teilen. 15- bis 25-Jährige in Ostdeutschland stellen hier wie erwartet stärker eine Verbindung zwischen der Kanzlerschaft Kohls und ihrer heutigen Lebenssituation her als gleichaltrige Westdeutsche. Die Unterschiede sind hier jedoch weitaus weniger gravierend als bei dem historischen Interesse. Wie weit bewusst ist, dass eine anderthalb Jahrzehnte dauernde Kanzlerschaft,

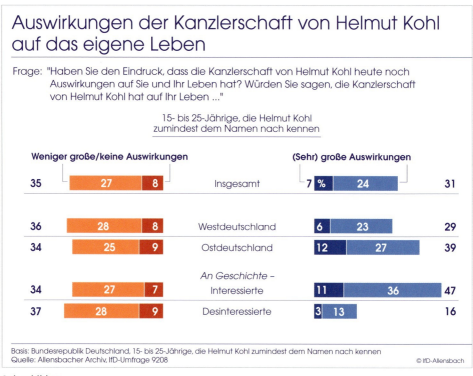

Schaubild 37

in die die deutsche Wiedervereinigung fiel und die Vorbereitung der europäischen Gemeinschaftswährung, das eigene Leben auch heute beeinflusst, hängt in hohem Maße vor allem von dem geschichtlichen Interesse und geschichtlichen Kenntnissen ab.

Zur Einschätzung der Agenda Helmut Kohls

Neben ihren Assoziationen wurden Jugendliche und junge Erwachsene auch zu ihren Vorstellungen von der politischen Agenda Helmut Kohls gefragt. Bei dieser gestützten Ermittlung steht die Vollendung der Deutschen Einheit, die Förderung des Zusammenwachsens von West- und Ostdeutschland, mit Abstand an der Spitze, gefolgt von der europäischen Integration und der Friedenssicherung in Europa. 70 Prozent der 15- bis 25-Jährigen, denen Helmut Kohl ein Begriff ist, sind überzeugt, dass ihm die Vollendung der Deutschen Einheit durch das Zusammenwachsen von West und Ost be-

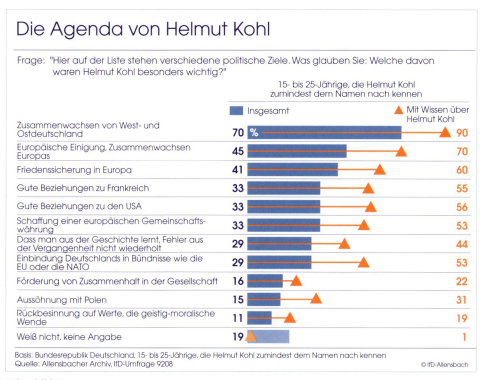

sonders wichtig war; 45 Prozent sehen die europäische Integration als eines seiner Kernanliegen, 41 Prozent die Friedenssicherung in Europa. Auch im Mittelfeld der ihm zugeschriebenen Agenda stehen vor allem europäische Themen und die transatlantischen Beziehungen: Jeweils 33 Prozent sind überzeugt, dass Helmut Kohl gute Beziehungen zu Frankreich und zu den USA sowie die Schaffung einer europäischen Gemeinschaftswährung wichtig waren. 29 Prozent verbinden mit ihm auch das Anliegen, aus der Geschichte zu lernen, Fehler aus der Vergangenheit nicht zu wiederholen. Deutlich weniger wird mit ihm die Aussöhnung mit Polen verbunden: Lediglich 15 Prozent gehen davon aus, dass dies für Helmut Kohl ein besonderes Anliegen war.

Geschichtlich interessierte Jugendliche und junge Erwachsene zeichnen die Agenda von Helmut Kohl deutlich breiter. Noch mehr gilt das für diejenigen, die für sich selbst die Bilanz ziehen, dass sie sich mit Helmut

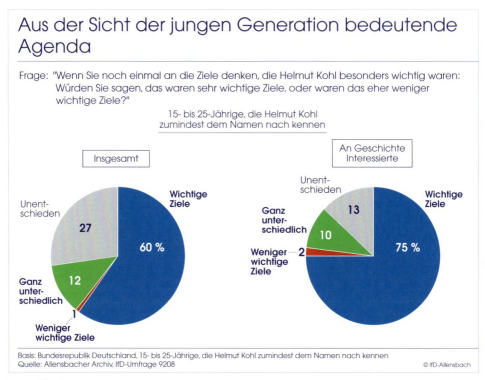

Schaubild 39

Kohl näher beschäftigt haben und einiges über ihn und seine Kanzlerschaft wissen. Sie ordnen nicht nur die Vollendung der Deutschen wie der europäischen Einheit weit überdurchschnittlich der Agenda von Helmut Kohl zu, sondern auch die Friedenssicherung in Europa, gute Beziehungen zu Frankreich wie den USA, auch die Aussöhnung mit Polen, die Einbindung Deutschlands in internationale Bündnisse und die Schaffung einer europäischen Gemeinschaftswährung.

Die Mehrheit der Jugendlichen und jungen Erwachsenen hat keinen Zweifel, dass diese Agenda Gewicht hatte. 60 Prozent stufen die einzelnen Ziele der Agenda als sehr wichtig ein, gerade mal 1 Prozent als weniger wichtig; 12 Prozent messen den verschiedenen Zielen unterschiedliches Gewicht bei. Allerdings wird auch hier wieder deutlich, dass sich ein beträchtlicher Anteil kein Urteil zutraut, in diesem Fall 27 Prozent der 15- bis 25-Jährigen, denen Helmut Kohl ein Begriff ist. Eindeutiger fällt das Urteil der geschichtlich interessierten 15- bis 25-Jährigen aus: Von ihnen messen drei Viertel der Agenda pauschal große Bedeutung bei, lediglich 2 Prozent geringe Bedeutung.

Insgesamt zeigen die Ergebnisse, dass es durchaus ein Fundament gibt, auf das bei der Vermittlung historischen Wissens über die Phase der Kanzlerschaft Helmut Kohls aufgebaut werden kann. Die Ergebnisse machen jedoch auch deutlich, dass es erheblicher Anstrengungen bedarf, die Kenntnisse und Erfahrungen dieser historischen Phase der nächsten Generation nahezubringen.

Michael Sommer ist Projektleiter im Institut für Demoskopie Allensbach.

Anmerkungen

1. Die Untersuchungsdaten, die Zusammensetzung der Stichprobe und die Fragen im Wortlaut sind in einem Anhang zu diesem Bericht dokumentiert. Die vorliegende Analyse ergänzt ein Tabellenband, in dem die Ergebnisse beider Befragungen nach zahlreichen soziodemografischen und analytischen Untergruppen dokumentiert sind. Der Anhang ist einsehbar unter: https://www.ifd-allensbach.de/fileadmin/IfD/sonstige_pdfs/8916_1_12056_9208_9200_Kohl.pdf (letzter Zugriff 18.3.2024).
2. Vgl. dazu Tabellenband, Tabelle 3.
3. Petersen, Thomas: Helmut Kohl, ein Gigant, in: Frankfurter Allgemeine Zeitung Nr. 165/2017 vom 19. Juli 2017, S. 8.
4. Diese Daten stützen sich auf eine Repräsentativbefragung des Allensbacher Instituts im Oktober 2020.
5. Vgl. dazu Tabellenband, Tabelle 14.
6. Quelle: Kontinuierliche Untersuchungen des Allensbacher Instituts, insbesondere Umfragen 9005 und 6071.
7. Quelle: Allensbacher Archiv, IfD-Umfragen, zuletzt 12033.
8. Quelle: Allensbacher Archiv, IfD-Umfragen, zuletzt 11087.
9. Quelle: Allensbacher Archiv, IfD-Umfrage 12033.
10. Vgl. dazu Allensbacher Archiv, IfD-Umfrage 12049.

"**Der historische Auftrag unserer Generation ist die Verwirklichung der europäischen Idee.**"
Helmut Kohl

Regierungserklärung im Deutschen Bundestag
zur Mitgliedschaft in der Europäischen Währungsunion,
2. April 1998

„ **Helmut Kohl wollte diese Wiedervereinigung zum Erfolg führen. Und wenn wir uns umsehen in Europa, dann glaube ich, haben wir das gut gemacht mit der Wiedervereinigung."** Sabine Bergmann-Pohl

Dr. Sabine Bergmann-Pohl war 1990 Präsidentin der Volkskammer der DDR, von 1990 bis 1991 Bundesministerin für besondere Aufgaben, von 1990 bis 2002 Mitglied des Deutschen Bundestages und von 1991 bis 1998 Parlamentarische Staatssekretärin beim Bundesminister für Gesundheit.

GLAUBE AN
DIE ZUKUNFT

Schlusswort und Überlegungen zur aktuellen Lage
von Bundeskanzlerin a.D. Angela Merkel

»Das Unvorstellbare mitdenken« – Impulse für unsere Zeit
von Angela Merkel

Ja, meine Damen und Herren, lieber Volker Kauder, liebe Gerda Hasselfeldt, lieber Friedrich Merz, und jetzt habe ich mir vorgenommen – ich sag' einfach mal, liebe Versammlung, die gerne mit der Helmut-Kohl-Stiftung zusammenarbeiten möchte. Schön, dass wir heute Abend zusammen sind.

Und es ist wirklich gut, dass die Helmut-Kohl-Stiftung nunmehr gegründet wurde, ihre Arbeit aufnehmen kann. Und ich freue mich natürlich, zum Abschluss dieser Gründungsveranstaltung auch noch einmal zu Ihnen sprechen zu können.

Bei den ersten gesamtdeutschen Wahlen im Dezember 1990 wurde ich Mitglied des Deutschen Bundestages und Anfang 1991 ja zur Frauen- und Jugendministerin im Kabinett von Helmut Kohl ernannt. Für mich war nahezu alles neu, ich musste unendlich viel lernen. Und so wurde ich zu einer neugierigen Schülerin von Helmut Kohl. Deshalb möchte ich heute Abend drei Aspekte – man kann sagen: auch drei Prinzipien – benennen, die seinen Stil, Politik zu machen, charakterisierten und die mich immer wieder beeindruckt haben.

Schon unser Kennenlerngespräch während des Wahlkampfes im Herbst 1990 sagte viel über die Art und Weise aus, mit der Helmut Kohl Politik machte. Er lud mich nach Bonn ins Kanzleramt zu einem persönlichen Gespräch ein. Aus meinem zukünftigen Wahlkreis, der in Vorpommern an der Ostsee lag, war ich naturgemäß aufgeregt angereist und hatte mich akribisch auf eine Reihe möglicher politischer Fragestellungen vorbereitet.

Als wir dann zusammensaßen, hatte Helmut Kohl im Kern jedoch nur eine Frage an mich, die lautete: »Wie verstehst du dich mit anderen Frauen?« Er duzte ja andere gerne einfach so. Nun war ich verdutzt, erzählte etwas von Freundinnen, der Tatsache, dass ich es in der Akademie der Wissenschaften in meiner Arbeitsgruppe außer der Sekretärin nur mit Männern zu tun gehabt hätte und dass ich mit anderen Frauen genauso wenige und genauso viele Probleme und Gemeinsamkeiten hätte wie mit Männern.

Helmut Kohl genügte diese Auskunft augenscheinlich, er fragte noch irgendetwas nach meinem zukünftigen Wahlkreis, dann war das Gespräch schnell beendet. Offensichtlich hatte es ihn bestärkt, mich beim Bundespräsidenten als zukünftige Bundesministerin für Frauen und Jugend zur Ernennung vorzuschlagen.

Insgesamt besetzte Helmut Kohl anschließend – durchaus, wie mir schien, zum Ärger der westdeutschen Frauen – nahezu alle frauenpolitischen Ämter seiner neuen Regierung mit ostdeutschen Frauen, allein das Familienministerium von Hannelore Rönsch wurde von einer westdeutschen Frau geführt. Man könnte sagen: Sicher ist sicher.

An dieser Begebenheit wird ersichtlich, so denke ich, dass es Helmut Kohl beim Gestalten von Politik ganz wesentlich um menschliche und charakterliche Eigenschaften ging. Er unterschied Persönlichkeiten immer nach der Frage, ob sie nur intelligent seien oder zusätzlich auch noch klug. Und natürlich gab es in seiner Bewertung auch Menschen, die er weder für intelligent noch für klug hielt. Klugheit jedoch war für ihn eine sehr wesentliche Eigenschaft.

Ich habe Helmut Kohl als einen Menschen erlebt, der trotz all der vielen Jahre seiner politischen Tätigkeit immer aufs Neue neugierig war auf Menschen, auf Menschen, die er noch nicht kannte. Woher jemand kam, wie das Elternhaus und die Familie aussahen, welche Ereignisse jemanden geprägt hatten, das waren für ihn wesentliche Fragen.

Bei Krankheiten kümmerte er sich persönlich. So besuchte er mich in der Berliner Charité, als ich mir Anfang 1992 einen schweren Beinbruch zugezogen hatte.

Er versuchte, die Verbundenheit mit dem normalen Leben beizubehalten und der enormen Fremdbestimmung durch das Amt des Bundeskanzlers so weit wie möglich zu entgehen. Deshalb führte er immer seinen schon erwähnten Terminplan und sein Portemonnaie bei sich, und wer den aktuellen Milchpreis nicht kannte, galt in seinen Augen als abgehoben und dem normalen Leben entfremdet.

Bei ihm lernte ich also erstens: Politik wird von Menschen gemacht, und die jeweiligen persönlichen Eigenschaften sind prägend für die Ergebnisse von Politik.

Die zweite Lehre, die für mich und meinen weiteren Weg von großer Bedeutung war, lässt sich in einem Satz von Helmut Kohl zusammenfassen, der inzwischen legendäre Bedeutung erlangt hat: »Entscheidend ist, was hinten rauskommt.« Was bedeutete dieser Satz genau?

Helmut Kohl hatte klare politische Ziele. Aber Ziele, Haltung und Überzeugungen zu haben, das allein reichte politisch aus seiner Sicht noch nicht aus, und von permanenten Ankündigungen hielt er schon gar nichts. Vielmehr musste beharrlich an der Verwirklichung der Ziele, an der Um- und Durchsetzung dessen, was man sich vorgenommen hatte, gearbeitet werden.

Um das zu schaffen, ist, wie wir heute sagen würden, ein Gespür für das richtige Timing beinahe alles entscheidend. Nicht zu spät, aber – das wird manchmal auch zu gering geschätzt – auch nicht zu früh zu entscheiden, darauf kommt es an. Und das konnte er wirklich: auf den richtigen Zeitpunkt warten und diesen dann instinktiv sofort erkennen.

Helmut Kohls Gespür als Historiker für historische Entwicklungen, sich unverhofft öffnende Fenster der Möglichkeiten, die man beim Schopf packen muss, war etwas ganz Besonderes. Es unterschied ihn von vielen anderen Politikern. Er wusste, dass man des Öfteren Umwege machen muss, um das eigene Ziel zu erreichen. Aber auf dem Umweg vergaß er das eigene Ziel nie.

So war seine berühmte Tischrede beim Besuch Erich Honeckers am 7. September 1987 in Bonn-Bad Godesberg aus meiner Sicht tatsächlich eine Sternstunde politischer Staatskunst: menschlich nicht verletzend, aber unmissverständlich in der inhaltlichen Aussage.

Ich war eine der Millionen Zuhörer, die, wie Helmut Kohl in der Rede sagte, zwischen Flensburg und Dresden, Stralsund und Konstanz und in Berlin dieser Rede vor dem Fernseher zuhörten. Er sprach von der besonderen menschlichen und politischen Dimension des Besuches 1987.

Und auch heute noch erinnere ich mich mit großer Freude, ja, mit Gänsehaut daran, dass Helmut Kohl dann schnörkellos sagte – und ich zitiere ihn:

»Die Präambel unseres Grundgesetzes steht nicht zur Disposition, weil sie unserer Überzeugung entspricht. Sie will das vereinte Europa und sie fordert das gesamte deutsche Volk auf, in freier Selbstbestimmung die Einheit und Freiheit Deutschlands zu vollenden.«

Aber er fügte auch hinzu, ich zitiere wieder: »Die deutsche Frage bleibt offen, doch ihre Lösung steht zurzeit nicht auf der Tagesordnung der Weltgeschichte, und wir werden dazu auch das Einverständnis unserer Nachbarn brauchen.«

Nur etwas mehr als zwei Jahre später – 1989 – stand die Frage dann tatsächlich auf der Tagesordnung der Weltgeschichte. Und Helmut Kohl realisierte mit seinem klaren Kompass zusammen mit anderen – zum Beispiel mit Theo Waigel, wie wir gehört haben – genau das, was er in der Tischrede 1987 gesagt hatte: die Einheit Deutschlands in Frieden und Freiheit im Einverständnis mit unseren Nachbarn.

»Entscheidend ist, was hinten rauskommt« – in diesem Falle war es die Verwirklichung eines Traums von Millionen Deutschen. Dies gelang Helmut Kohl nur, weil er einerseits – wir haben es eben von Frau Bergmann-Pohl gehört – den Mut und die Entschiedenheit der Ostdeutschen und der Menschen in den mittel- und osteuropäischen Ländern anerkannte, die durch ihre friedlichen Revolutionen den Grundstein für die Deutsche Einheit und die europäische Einigung gelegt hatten, und weil er andererseits den Partnern in West und Ost dankbar war, die diesen Weg ermöglichten, allen voran George Bush sen. und Michail Gorbatschow.

Angesichts des heutigen Krieges Russlands gegen die Ukraine können wir uns gar nicht glücklich genug schätzen, welch unglaubliche Konstellation der Weltgeschichte uns 1989/90 diese Entwicklung ermöglichte. Helmut Kohl war sich dieses Glücks zu jeder Sekunde bewusst und hatte große Demut vor dieser Tatsache.

Denn die Sehnsucht nach Freiheit, die gab es ja schon 1953 in der DDR, 1956 in Ungarn, 1968 in Prag und während der Zeit von Solidarność in Polen genauso wie 1989, nur waren damals die Kräfte der Unterdrückung in der Sowjetunion, die die Freiheitsbewegungen mit Panzern niederwalzten, noch stärker als der Drang nach Freiheit.

Helmut Kohl war sich der veränderten Umstände 1989 vollkommen bewusst und vertändelte diese glückliche Stunde nicht durch Hochmut, sondern ermöglichte sie mit seinem klaren Kompass und seinem unbedingten Gestaltungswillen.

Ich möchte schließlich noch eine dritte Eigenschaft von Helmut Kohl nennen, die mich beeindruckt und auch sehr geprägt hat. Helmut Kohl war ohne jeden Zweifel ein Mann mit einem sehr ausgeprägten Machtbewusstsein. Aber zugleich wusste er: Um gestalterische Macht ein- und umzusetzen, braucht man die Fähigkeit, sich immer auch in die Sichtweise des anderen hineinzuversetzen. Als Historiker wusste er um die Tiefe und prägende Kraft der geschichtlichen Entwicklungen nicht nur für Deutschland, sondern für alle Länder der Erde, insbesondere auch die der Mitgliedstaaten der Europäischen Union.

»Geschichte ist Geschichte« war einer seiner oft wiederholten und europaweit bekannten Sätze. Und er wusste, dass diese Geschichte für alle Völker und die für sie handelnden Politiker gleichermaßen zählt.

Deshalb waren Zahlen, Fakten, Kriterien und Maßstäbe wichtig und richtig für ihn, tatsächlich kluge Politik aber brauchte nach seiner Überzeugung mehr. Sie verlangte – und ich ergänze: sie verlangt es auch heute noch – ein hohes Maß gegenseitigen Vertrauens. Das wiederum setzt ein hohes Maß an Bereitschaft voraus, den anderen verstehen zu wollen und zu können.

Und so war für ihn auch klar, dass die Verwirklichung der Deutschen Einheit einhergehen musste mit einer Vertiefung der Europäischen Union. Er nannte sie immer die zwei Seiten ein und derselben Medaille.

Ich habe in der letzten Zeit ein wenig in den zwei Bänden des in diesem Jahr herausgegebenen Buches »Akten zur auswärtigen Politik der Bundesrepublik Deutschland 1991« gelesen, also in der Sammlung von Dokumenten aus dem Politischen Archiv des Auswärtigen Amtes nach Ablauf der 30-jährigen Aktensperrfrist.

In der Einführung dieser beiden Bände wird auch Bezug genommen auf die – so der Titel einer Edition der Konrad-Adenauer-Stiftung – »Berichte zur Lage 1989–1998«, die Helmut Kohl damals zu Beginn von Sitzungen des CDU-Bundesvorstandes vortrug, und aus ihnen zitiert, etwa aus seinem Bericht im Bundesvorstand am 30. August 1991.

Darin wird sichtbar, welche Sorgen sich Helmut Kohl damals, also noch nicht einmal ein Jahr nach der Wiedervereinigung, über die Außenpolitik machte. »›Auf Schritt und Tritt‹ – so zitieren die Herausgeber der Akten zur auswärtigen Politik Helmut Kohl aus den Berichten zur Lage – stoße man auf diffuse Ängste vor Deutschland, nicht selten gekoppelt mit Wirtschaftsneid. ›Das heißt‹, – so Helmut Kohl weiter – ›wir müssen sehr viel mehr bereit sein, die Führungsfunktion, die uns jetzt zugefallen ist, wahrzunehmen, ohne prahlerisch aufzutreten. Für uns muss eigentlich die Zielrichtung sein, bescheiden und zurückhaltend aufzutreten, aber unseren Einfluss voll wahrzunehmen.‹«

In diesem Geist gelang es Helmut Kohl dann auch, vornehmlich zusammen mit Frankreich, die Europäische Wirtschafts- und Währungsunion und die Verstärkung der Politischen Union zu realisieren. Im Europäischen Rat im Dezember 1991 wurde der Maastricht-Vertrag über die Europäische Union verabschiedet, die größte europäische Reform seit 1957. Hiermit waren dann auch die Voraussetzungen für den anschließenden Erweiterungsprozess der Europäischen Union geschaffen.

Meine Damen und Herren,
ich habe für meinen heutigen Beitrag diese drei Prinzipien politischer Staatskunst ausgewählt, weil sie Helmut Kohl wie keinen Zweiten auszeichneten:

- die Bedeutung des Persönlichen in der Politik,
- den unbedingten Willen zum Gestalten und
- das Denken in geschichtlichen Zusammenhängen.

Ich habe sie aber nicht allein deshalb ausgewählt und auch nicht, weil ich sie von Helmut Kohl lernen durfte und sie auch für meine politische Arbeit Richtschnur wurden, sondern weil ich sie gerade auch im Zusammenhang mit den heutigen, uns alle so beschäftigenden politischen Ereignissen für bedenkenswert halte.

Der Angriffskrieg Russlands und Präsident Putins gegen die Ukraine zerstört das Fundament all dessen, worauf sich die Staatengemeinschaft,

Schlusswort und Überlegungen zur aktuellen Lage von Bundeskanzlerin a.D. Angela Merkel

einschließlich der damaligen Sowjetunion und später Russlands, im KSZE-Prozess und in der Charta von Paris geeinigt hatten.

Das ist der Befund der jetzigen Lage. Aus diesem Befund gilt es nun die im Wortsinne notwendigen Schlussfolgerungen zu ziehen, eine ungeheuer schwierige Aufgabe, das weiß ich sehr wohl.

Vielleicht kann uns dabei helfen – Friedrich Merz hat es schon gesagt –, sich vorzustellen, wie Helmut Kohl heute handeln würde. Natürlich ist das eine spekulative Frage, eigentlich sogar eine unzulässige, denn jeder von uns, auch Helmut Kohl, lebt in seiner Zeit.

Aber weil ich mir in den 16 Jahren meiner Amtszeit als Bundeskanzlerin, eigentlich sogar seit mehr als 24 Jahren seit Helmut Kohls Ausscheiden aus dem Amt 1998, in manchen schwierigen Stunden selbst tatsächlich diese Frage gestellt habe, erlaube ich mir, sie auch heute hier in den Raum zu stellen – und einen Antwortversuch zu wagen.

Ich denke, Helmut Kohl würde heute – auf der Grundlage der ihn kennzeichnenden drei Prinzipien – nach der Zäsur, die der Beginn des Angriffskrieges Russlands gegen die Ukraine am 24. Februar 2022 markiert, zum einen alles daransetzen, die Souveränität und die Integrität der Ukraine zu schützen und wiederherzustellen. Daran kann es, so denke ich, keinen Zweifel geben, ruft man sich allein den Geist der eingangs erwähnten Tischrede mit ihren zitierten zwei Kernaussagen anlässlich des Honecker-Besuches in Bonn in Erinnerung.

Zugleich war Helmut Kohl ein Politiker, der in Fragen derartiger Tragweite, also in Fragen von Krieg und Frieden, von Unfreiheit und Freiheit, niemals den Tag danach aus dem Blick verlor; mehr noch, der diesen Tag immer mitdachte, auch davon zeugen die zwei sich ja durchaus gegenüberstehenden Kernaussagen aus der erwähnten Tischrede.

Auf unsere heutige Zeit übertragen, so denke ich, würde er neben der entschlossenen Unterstützung der Ukraine parallel immer auch das im Moment so Undenkbare, schier Unvorstellbare mitdenken: nämlich wie so etwas wie Beziehungen zu und mit Russland wieder entwickelt werden können. Beides würde er natürlich niemals in einem deutschen Alleingang angehen, sondern nur im gemeinsamen Handeln mit unseren Partnern in der Europäischen Union und in der NATO.

Im Juni wurde ich in einem Zeitungsinterview gefragt: »Sie kennen Putin schon lange. Was ist er für ein Mensch?« Ich habe geantwortet: »Man sollte seine Worte ernst nehmen.« Und heute möchte ich angesichts der Entwicklungen der letzten Tage ergänzen: Worte ernst zu nehmen, sie nicht von vornherein damit abzutun, sie seien nur ein Bluff, sondern sich ernsthaft mit ihnen auseinanderzusetzen, das ist beileibe kein Zeichen von Schwäche oder Beschwichtigung, sondern ein Ausweis politischer Klugheit. Einer Klugheit, die dazu beiträgt, Handlungsspielräume zu erhalten oder – mindestens so wichtig – sogar neue zu erarbeiten.

Wenige wussten die Bedeutung politischer Klugheit so zu achten wie Helmut Kohl, der sein Amt 1982 in den dunklen Zeiten des Kalten Krieges antrat. Übrigens, der damals von vielen abgelehnte NATO-Doppelbeschluss, für den er wie auch sein Vorgänger Helmut Schmidt sich so sehr einsetzten, hieß *Doppel*-Beschluss.

Genug Stoff also, um in der Bundeskanzler-Helmut-Kohl-Stiftung nicht nur rückblickend über seine historischen Verdienste nachzudenken, sondern daraus auch Lehren für die heutige Zeit zu finden. Und diese Veranstaltung heute kann ja nur der Auftakt für einen solchen Prozess sein. Ich wünsche der Stiftung dabei viel Erfolg und viele spannende Veranstaltungen.

Herzlichen Dank.

Dr. Angela Merkel war von 1990 bis 2021 Mitglied des Deutschen Bundestages, von 2000 bis 2018 Vorsitzende der CDU Deutschlands, von 2002 bis 2005 Vorsitzende der CDU/CSU-Bundestagsfraktion und von 2005 bis 2021 Bundeskanzlerin der Bundesrepublik Deutschland.

Der Kohl Salon im Berliner Regierungsviertel, Wilhelmstraße 68

Die Bundeskanzler-Helmut-Kohl-Stiftung – Auftrag, Aufbau und Aufgaben
von Günter Winands

Auftrag

In Würdigung seiner herausragenden politischen Leistungen wurde vor zwei Jahren die vom Bund getragene Gedenkstiftung für den langjährigen Bundeskanzler und Ehrenbürger Europas Helmut Kohl gegründet. Das Bundesgesetz über die Errichtung dieser öffentlich-rechtlichen Stiftung mit Sitz in Berlin wurde aufgrund einer parlamentarischen Initiative im Deutschen Bundestag am 6. Mai 2021 überparteilich beschlossen und trat am 9. Juni 2021 in Kraft. Zweck der Stiftung ist es nach dem Errichtungsgesetz,

> »das Andenken an das politische Wirken Dr. Helmut Kohls für Freiheit und Einheit des deutschen Volkes, für den Frieden in der Welt, für die Versöhnung mit den europäischen Nachbarstaaten und die europäische Integration zu wahren und so in seinem Sinne einen Beitrag zum Verständnis der Zeitgeschichte und der weiteren Entwicklung der Bundesrepublik Deutschland sowie zur Erforschung, Stärkung und Weiterentwicklung des europäischen Integrationsprozesses im globalen Umfeld zu leisten; Kenntnisse zu den heutigen und zukünftigen politischen, wirtschaftlichen und gesellschaftlichen Herausforderungen in Deutschland, Europa und der Welt zu vertiefen und zu erweitern.«

Die neue Bundesstiftung reiht sich ein in die Gruppe der überparteilichen »Kanzlerstiftungen« für Konrad Adenauer, Willy Brandt und Helmut Schmidt. Wie diese untersteht sie der Rechtsaufsicht, aber nicht der Fachaufsicht der Beauftragten der Bundesregierung für Kultur und Medien und wird mit derzeit 2,98 Millionen Euro aus dem Bundeshaushalt finanziert.

Keine der Kanzlerstiftungen hat ihren Sitz in der früheren Wirkungsstätte ihrer Namensgeber in der Bundesstadt Bonn; bei Helmut Kohl führte kein Weg an einer Verortung in der Hauptstadt des wiedervereinigten Deutschlands vorbei. Der Deutsche Bundestag stellt der Bundeskanzler-Helmut-Kohl-Stiftung – nach einem Beschluss der Bau- und Raumkommission des Parlamentspräsidiums vom Juni 2022 – eine repräsentative Örtlichkeit für Veranstaltungen und Ausstellungen mitten im Berliner Parlaments- und Regierungsviertel mietweise und unbefristet zur Verfügung: das imposante Erdgeschoss des ansonsten vom Bundestag genutzten Otto-Wels-Hauses am Boulevard Unter den Linden 48–56 nahe dem Brandenburger Tor. Für Helmut Kohl als »Kanzler der Einheit« gibt es wohl kaum einen geeigneteren Platz im politischen Berlin.

Während die Räumlichkeiten hergerichtet und eine Dauerausstellung zum Wirken Helmut Kohls als Bundeskanzler vorbereitet werden, präsentiert sich die Stiftung im Jakob-Kaiser-Haus des Deutschen Bundestages an der Wilhelmstraße 68. Hier hat sie ein Schaufenster, den Kohl Salon, eröffnet, wo seit Mai 2023 ein überlebensgroßes Foto Helmut Kohls politisch Interessierte zum Besuch einlädt. Die Stiftung bietet auch Gruppen, zum Beispiel denen des Bundespresseamts, eine multiperspektivische und interaktive Präsentation zu den politischen Verdiensten Helmut Kohls um die Deutsche Einheit sowie die europäische Einigung. Darüber hinaus werden Schulklassen und politisch engagierte Jugendliche im Kohl Salon in Demokratie und Zeitgeschichte eingeführt und zur Diskussion angeregt.

Aufbau

Die Organe der Stiftung sind ein Kuratorium aus fünf vom Bundespräsidenten für die Dauer von fünf Jahren bestellten Mitgliedern sowie ein vom Kuratorium bestellter dreiköpfiger Vorstand. Am 21. September 2021 fand die konstituierende Sitzung des Stiftungskuratoriums im Berliner Bundeskanzleramt statt. Zum Vorsitzenden wurde Volker Kauder, jahrelanger Vorsitzender der CDU/CSU-Bundestagsfraktion, gewählt, zu seiner Stellvertreterin die ehemalige Bundesministerin Gerda Hasselfeldt. Weitere Mitglieder sind der ehemalige EU-Kommissionspräsident Jean-Claude Juncker

Die damalige Bundeskanzlerin Angela Merkel und die seinerzeitige Kulturstaatsministerin Monika Grütters begrüßen das Kuratorium der Bundeskanzler-Helmut-Kohl-Stiftung zur konstituierenden Sitzung im Bundeskanzleramt am 21. September 2021

und die beiden Ministerpräsidenten a.D. Prof. Dr. Bernhard Vogel und Kurt Beck. Als stellvertretende Mitglieder konnten der ehemalige Bundestagspräsident und jetzige Vorsitzende der Konrad-Adenauer-Stiftung Prof. Dr. Norbert Lammert, die Ministerpräsidentin a.D. Christine Lieberknecht, die Bundesminister a.D. Prof. Dr. Helmut Haussmann und Dr. Franz-Josef Jung sowie die stellvertretende Vorsitzende der Konrad-Adenauer-Stiftung Prof. Dr. Beate Neuss gewonnen werden.

Der operative Vorstand der Stiftung besteht aus den beiden ehrenamtlichen Mitgliedern Staatssekretär a.D. Dr. Günter Winands, vormals Amtschef bei der Beauftragten der Bundesregierung für Kultur und Medien, als Vorsitzender und Dr. Michael Borchard, Leiter der Hauptabteilung Wissenschaftliche Dienste/Archiv für Christlich-Demokratische Politik bei der

Vorstand und Kuratoriumsvorsitzende der Stiftung

Konrad-Adenauer-Stiftung, als Stellvertreter sowie der hauptamtlichen Geschäftsführerin, der Historikerin Dr. Jacqueline Boysen. Die Stiftungsverwaltung hat in der Anfangsphase übergangsweise am Berliner Lützowufer gearbeitet und seit September 2023 ihren Sitz in der Friedrichstraße 187.

Ein international und interdisziplinär besetzter wissenschaftlicher Beirat unterstützt die Bundeskanzler-Helmut-Kohl-Stiftung in ihrer inhaltlichen Arbeit. Zu seinem Vorsitzenden hat das Gremium den Politikwissenschaftler Prof. Dr. Karl-Rudolf Korte von der NRW School of Governance an der Universität Duisburg-Essen gewählt, zur stellvertretenden Vorsitzenden die Historikerin Prof. Dr. Birgit Aschmann vom Institut für Geschichtswissenschaften der Humboldt-Universität zu Berlin. Der wissenschaftliche Beirat wird seine breit gefächerte Fachkompetenz in die Errichtung der künftigen Dauerausstellung einbringen sowie die Förderung wissenschaftlicher Arbeiten zu Helmut Kohls Politik und die historisch-politische

Bildungsarbeit der Stiftung inspirieren. Der Beirat soll die Stiftung dabei unterstützen, zukunftsgerichtete Fragestellungen zu entwickeln und im Sinne des Auftrags der Stiftung umfassende Antworten zu erarbeiten.

Die Stiftungsverwaltung aus Vorstand und einem kleinen Kernteam stellte zunächst die Arbeits- und Geschäftsfähigkeit der neuen Einrichtung her. Zum Kernteam gehörten anfangs ein befristet abgeordneter Verwaltungsbeamter und eine Assistentin der Geschäftsführung, eine Verantwortliche für die Gremien und das Veranstaltungsmanagement sowie ein teilzeitbeschäftigter Mitarbeiter für die Presse- und Öffentlichkeitsarbeit. Ab Herbst 2022 konnten weitere zentrale Stellen der Stiftung besetzt werden: So wurden über Ausschreibungen ein erfahrener Verwaltungsleiter, zwei wissenschaftliche Referenten für Veranstaltungen beziehungsweise Jugendbildung und eine Ausstellungskuratorin gefunden. Ein IT-Fachmann wurde mit dem Aufbau der digitalen Infrastruktur der Stiftung betraut, eine versierte Baufachkoordinatorin gewonnen und ein erfahrener Journalist für die Presse- und Öffentlichkeitsarbeit eingestellt. Zudem werden studentische Hilfskräfte insbesondere für die Besucherbetreuung im Kohl Salon beschäftigt.

Dieses überschaubare Team treibt den Aufbau der Stiftung mit Engagement und Pioniergeist voran – von der immer noch notwendigen Weiterentwicklung der Stiftung in organisatorischer und personeller Sicht über die Projektierung der künftigen Ausstellung, den Aufbau einer Bibliothek und die Veranstaltungsaktivitäten bis zur öffentlichen Sichtbarkeit der Stiftung durch ihren Internetauftritt, die Präsenz in den sozialen Medien und bis zu größeren Veranstaltungen sowie zusätzlichen Informationsangeboten im Kohl Salon.

Einen Schwerpunkt bilden die Vorbereitung eines Konzepts für die geplante Dauerausstellung am künftigen Hauptsitz Unter den Linden 48–56 sowie der Aufbau einer Sammlung möglicher Exponate. Zudem laufen die Vorbereitungen für die Kernsanierung der Liegenschaft, die Herstellung der Barrierefreiheit und die energetische Ertüchtigung unter Federführung der Bauverwaltung Bundesbau Baden-Württemberg und in Abstimmung mit der Bundesanstalt für Immobilienaufgaben, der Bundestagsverwaltung und der Stiftung.

Aufgaben

Als Einrichtung der historisch-politischen Bildung gliedern sich die Aufgaben der Stiftung in drei Hauptstränge: Sie lädt zu Veranstaltungen, errichtet das Bundeskanzler-Helmut-Kohl-Zentrum mit einer Dauerausstellung und wechselnden Sonderausstellungen und fördert die wissenschaftliche Auseinandersetzung mit der Politik Helmut Kohls und seiner Zeit. Ein wichtiger Akzent der Stiftungsarbeit liegt auf der Jugendbildung.

Im Herbst 2022 lud die Stiftung zu ihrer ersten großen öffentlichen Veranstaltung ein, die dieser Auftaktband der Schriftenreihe der Bundeskanzler-Helmut-Kohl-Stiftung dokumentiert: In der Französischen Friedrichstadtkirche auf dem Gendarmenmarkt in Berlin-Mitte wurde an den Beginn der Kanzlerschaft Helmut Kohls 40 Jahre zuvor erinnert, unter anderem mit Redebeiträgen des Fraktionsvorsitzenden der CDU/CSU-Bundestagsfraktion und CDU-Parteivorsitzenden Friedrich Merz sowie der ehemaligen Bundeskanzlerin Angela Merkel. Diese Veranstaltung mit rund 400 Gästen fand breiten, positiven Niederschlag in den Medien.

Im Frühjahr 2023 hat die Stiftung ehemalige Mitarbeiterinnen und Mitarbeiter des Bundeskanzlers zu einem Austausch und einer Begehung der Dienstzimmer und des Kabinettsaals im ehemaligen Bonner Kanzleramt eingeladen, dort, wo Helmut Kohl 16 Jahre lang die politischen Geschicke der Bundesrepublik Deutschland führte. Es war eine Art Familientreffen und zugleich ein Wiedersehen maßgeblicher Zeitzeugen, bei dem die Bonner Republik für einige Stunden wiederauflebte.

Am 11. Oktober 2023 erinnerte die Stiftung gemeinsam mit der Bundeskanzler-Helmut-Schmidt-Stiftung in zwei wissenschaftlichen Fachforen und einer Abendveranstaltung in Berlin an die Zustimmung des Deutschen Bundestages zum NATO-Doppelbeschluss vor 40 Jahren. 1987 einigten sich die beiden Supermächte USA und die Sowjetunion – als Folge der im NATO-Doppelbeschluss angelegten Demonstration von Stärke bei gleichzeitiger Bereitschaft zu Abrüstungsverhandlungen – auf die Vernichtung landgestützter nuklearer Waffensysteme mit kurzer und mittlerer Reichweite. Für Helmut Kohl stand im Rückblick fest, dass es drei Jahre später die Deutsche Einheit ohne NATO-Doppelbeschluss nicht gegeben hätte.

Im März 2024 hat die Bundeskanzler-Helmut-Kohl-Stiftung im Vorfeld

Das Otto-Wels-Haus des Deutschen Bundestages, künftiger Hauptsitz der Bundeskanzler-Helmut-Kohl-Stiftung in Berlin, Unter den Linden 48–56

der Europawahl eine Veranstaltung zur gegenwärtigen politischen Situation in Europa und der künftigen Ausrichtung der Europäischen Union durchgeführt. Veranstaltungsort war die Dresdner Frauenkirche, deren Wiederaufbau Helmut Kohl entscheidend mit vorangebracht hatte. In fortwährender Erinnerung ist seine historische Rede am 19. Dezember 1989 vor den Ruinen der Frauenkirche.

Die Stiftung wird die politik-, geschichts- und gesellschaftswissenschaftliche Forschung in vielfältiger Form unterstützen. Sie versteht sich dabei als Dienstleister für die wissenschaftliche Auseinandersetzung mit der Zeitgeschichte der 1980er und 90er Jahre. Derzeit wird von Historikern ein umfangreiches, digital zugängliches Bestands- und Dokumentenverzeichnis erarbeitet, das Interessierten künftig weltweit den Weg zu Archivbeständen über die Regierungszeit Helmut Kohls weisen wird. Die Stiftung plant überdies eine moderne Bibliothek vor allem auch mit digitalen Angeboten. Bereits jetzt stellt sie auf ihrer Website Informationen zu unterschiedlichen Themenschwerpunkten zur Verfügung.

Die Stiftung führt Zeitzeugeninterviews mit ehemaligen Kabinettsmitgliedern und politischen Wegbegleitern Helmut Kohls, etwa mit dem ehemaligen Chef des Bundeskanzleramts, Bundesminister a.D. Friedrich Bohl, mit Bundesminister a.D. Theo Waigel oder dem vormaligen Präsidenten der EU-Kommission Jean-Claude Juncker. Die Interviews sind auf der Homepage und einem YouTube-Kanal der Stiftung eingestellt, ebenso ein kurzer filmischer Rückblick auf die Kanzlerschaft Helmut Kohls: »Kanzler der Einheit. Europäer aus Leidenschaft.«

Die vorliegende Dokumentation der Eröffnungsveranstaltung bildet den Auftakt einer Schriftenreihe, die im Ch. Links Verlag erscheint. Ferner sind eine Publikation zu Helmut Kohl und Russland beziehungsweise der Sowjetunion sowie ein Tagungsband mit den Ergebnissen einer wissenschaftlichen Konferenz »Kohl und das Mittelmeer«, die im September 2023 in Kooperation mit der Konrad-Adenauer-Stiftung am Europäischen Hochschulinstitut in Florenz stattfand, geplant.

Die Stiftung arbeitet eng mit den anderen sechs Politikergedenkstiftungen des Bundes zusammen. Gemeinsam haben sie auf dem 54. Deutschen Historikertag in Leipzig und am Tag der Deutschen Einheit 2023 in Hamburg einen gut besuchten Stand betrieben. Zudem vernetzt sich die Bundeskanzler-Helmut-Kohl-Stiftung mit nationalen und internationalen Kulturinstitutionen und Einrichtungen der historisch-politischen Bildung.

Dem sechsten und mit 16 Jahren am längsten amtierenden Kanzler der Bundesrepublik Deutschland waren – wie im Stiftungszweck festgehalten – die Freiheit und Einheit des deutschen Volkes, der Frieden in der Welt, die Versöhnung mit den europäischen Nachbarstaaten und die europäische Integration unverrückbare Richtschnur für sein politisches Handeln. Die

Bundeskanzler-Helmut-Kohl-Stiftung fühlt sich in diesem Geiste verpflichtet, an Helmut Kohls außerordentliches politisches Wirken für Deutschland, Europa und die Welt zu erinnern.

Dr. Günter Winands ist Vorstandsvorsitzender der Bundeskanzler-Helmut-Kohl-Stiftung. In der Regierungszeit Helmut Kohls leitete er von 1991 bis 1998 das Kabinett- und Parlamentsreferat im Bundeskanzleramt. Winands war von 2005 bis 2010 Staatssekretär im Ministerium für Schule und Weiterbildung des Landes Nordrhein-Westfalen und von 2013 bis 2021 Amtschef bei den Beauftragten der Bundesregierung für Kultur und Medien.

Politische Lebensstationen Helmut Kohls

3. April 1930	Helmut Kohl wird in Ludwigshafen geboren
1946	Eintritt in die CDU
1947	Mitgründer der Jungen Union in Ludwigshafen
1950–1956	Studium der Rechts-, Sozial- und Staatswissenschaften sowie Geschichte in Frankfurt am Main und Heidelberg
1955–1966	Mitglied im Landesvorstand der CDU Rheinland-Pfalz
1956–1958	wissenschaftlicher Mitarbeiter im politischen Seminar der Universität Heidelberg
1958	Promotion mit einer Arbeit über »Die politische Entwicklung in der Pfalz und das Wiedererstehen der Parteien nach 1945«
1958/59	Direktionsassistent bei einer Ludwigshafener Eisengießerei
1959–1969	Referent des Industrieverbandes Chemie in Ludwigshafen
1959–1976	Mitglied des Landtages von Rheinland-Pfalz
1963–1976	Vorsitzender der CDU-Landtagsfraktion
1964–2000	Mitglied im CDU-Bundesvorstand
1966–1973	Landesvorsitzender der CDU Rheinland-Pfalz
1969–1976	Ministerpräsident von Rheinland-Pfalz
1973–1998	Parteivorsitzender der CDU
1976–1982	Kanzlerkandidat, Mitglied des Deutschen Bundestages, Vorsitzender der CDU/CSU-Bundestagsfraktion

1. Oktober 1982	konstruktives Misstrauensvotum gegen Helmut Schmidt, Wahl zum 6. Bundeskanzler der Bundesrepublik Deutschland
6. März 1983	Union und FDP gewinnen die vorgezogene Bundestagswahl
29. März 1983	Bundestag bestätigt Kohl im Amt des Bundeskanzlers
11. März 1987	3. Wahl zum Bundeskanzler
9. November 1989	Maueröffnung
1. Oktober 1990	Wahl zum Vorsitzenden der vereinigten CDU Deutschlands
3. Oktober 1990	Deutsche Einheit
17. Januar 1991	4. Wahl zum Bundeskanzler
15. November 1994	5. Wahl zum Bundeskanzler
23. April 1998	Bundestag stimmt für die Einführung des Euro
27. September 1998	SPD und Bündnis 90/Die Grünen gewinnen die Bundestagswahl
26. Oktober 1998	Ende der Kanzlerschaft Helmut Kohls
11. Dezember 1998	Helmut Kohl wird Ehrenbürger Europas
30. November 1999	Helmut Kohl übernimmt die politische Verantwortung für illegale Parteispenden
September 2002	Ausscheiden aus dem Deutschen Bundestag
16. Juni 2017	Helmut Kohl stirbt im Alter von 87 Jahren
1. Juli 2017	europäischer Staatsakt in Straßburg und Beisetzung in Speyer

Weiterführende Literatur

Ackermann, Eduard: Mit feinem Gehör. Vierzig Jahre in der Bonner Politik, Bergisch Gladbach 1994

Ackermann, Eduard: Politiker. Vom richtigen und falschen Handeln, Bergisch Gladbach 1996

Appel, Reinhard (Hg.): Helmut Kohl im Spiegel seiner Macht, Bonn 1990

Bahners, Patrick: Helmut Kohl. Der Charakter der Macht, München 2017

Bannas, Günter: Helmut Kohl – der CDU-Vorsitzende, in: Lammert: Christlich Demokratische Union, S. 27–50

Bergmann, Knut: Der Bundestagswahlkampf 1998. Vorgeschichte, Strategien, Ergebnis, Opladen 2002

Bickerich, Wolfram/Noack, Hans-Joachim: Helmut Kohl. Die Biografie, Berlin 2010

Boenisch, Peter: Kohl und Strauß, in: Appel: Helmut Kohl im Spiegel seiner Macht, S. 161–167

Buchstab, Günter/Kleinmann, Hans-Otto/Küsters, Hanns Jürgen (Hg.): Die Ära Kohl im Gespräch. Eine Zwischenbilanz, Köln 2010

Busche, Jürgen: Helmut Kohl. Anatomie eines Erfolgs, Berlin 1998

Clough, Patricia: Helmut Kohl. Ein Porträt der Macht, München 1998

Dettling, Warnfried: Das Erbe Kohls. Bilanz einer Ära, Frankfurt am Main 1994

Dexheimer, Hermann: Der pfälzische Hannibal, in: Filmer/Schwan: Helmut Kohl, S. 87–101

Dreher, Klaus: Helmut Kohl. Leben mit Macht, Stuttgart 1998

Dreher, Klaus: Kohl und die Konten. Eine schwarze Finanzgeschichte, Stuttgart 2002

Eisel, Stephan: Helmut Kohl. Nahaufnahme, Bonn 2010

Filmer, Werner/Schwan, Heribert: Helmut Kohl, 4. Auflage, Düsseldorf u. a. 1990

Fröhlich, Stefan: »Auf den Kanzler kommt es an«. Helmut Kohl und die deutsche Außenpolitik. Persönliches Regiment und Regierungshandeln vom Amtsantritt bis zur Wiedervereinigung, Paderborn 2001

Geißler, Heiner: Gefährlicher Sieg. Die Bundestagswahl 1994 und ihre Folgen, Köln 1995

Geppert, Dominik: Geschichte der Bundesrepublik Deutschland, München 2021

Görtemaker, Manfred: Die Berliner Republik. Wiedervereinigung und Neuorientierung, Berlin 2009

Gotto, Klaus: Anmerkungen zu Spätzeiten in der Politik – Konrad Adenauer und Helmut Kohl im Vergleich, in: Villinger u. a.: Politik und Verantwortung, S. 116–122

Henscheid, Eckhard: Helmut Kohl. Biografie einer Jugend, Zürich 1985

Hirscher, Gerhard/Korte, Karl-Rudolf (Hg.): Aufstieg und Fall von Regierungen. Machterwerb und Machterosionen in westlichen Demokratien, München 2001

Hofmann, Klaus: Helmut Kohl. Eine politische Biografie, Stuttgart u. a. 1991

Jäger, Wolfgang/Link, Werner: Die Ära Schmidt 1974–1982 (Republik im Wandel, 2. Geschichte der Bundesrepublik Deutschland, Bd. 5), Frankfurt am Main 1987

Jung, Franz Josef: Die letzten Tage der Teilung. Wie die deutsche Einheit gelang, Freiburg 2010

Klein, Hans: Es begann im Kaukasus. Der entscheidende Schritt in die Einheit Deutschlands, Berlin/Frankfurt am Main 1991

Knoll, Thomas: Das Bonner Kanzleramt. Organisation und Funktionen von 1949–1999, Wiesbaden 2004

Köhler, Henning: Helmut Kohl. Ein Leben für die Politik, Köln 2014

König, Ewald: Kohls Einheit unter drei. Weitere deutsch-deutsche Notizen eines Wiener Korrespondenten, Halle (Saale) 2014

Korte, Karl-Rudolf: Deutschlandpolitik in Helmut Kohls Kanzlerschaft. Regierungsstil und Entscheidungen 1982–1989 (Geschichte der Deutschen Einheit, Bd. 1), Stuttgart 1998

Krockow, Christian Graf von: Porträts berühmter deutscher Männer. Von Martin Luther bis zur Gegenwart, München 2001

Lammert, Norbert (Hg.): Christlich Demokratische Union. Beiträge und Positionen zur Geschichte der CDU, Berlin 2020

Langguth, Gerd: Kohl, Schröder, Merkel – Machtmenschen, München 2009

Leinemann, Jürgen: Helmut Kohl. Ein Mann bleibt sich treu, Berlin 2001

Leyendecker, Hans/Stiller, Michael/Prantl, Heribert: Helmut Kohl, die Macht und das Geld, Göttingen 2000

Maser, Werner: Helmut Kohl. Der deutsche Kanzler, erweiterte Neuauflage, Frankfurt am Main/Berlin 1993

Mertes, Michael: Zur Entstehung und Wirkung des Zehn-Punkte-Programms vom 28. November 1989. Ein Werkstattbericht, Jena 2001

Milde, Georg: Entscheidungsprozesse von Spitzenpolitikern. Wie Helmut Kohl Beratung nutzte und Fremdbestimmung verhinderte, Berlin 2016

Müller, Konrad R./Scholl-Latour, Peter: Helmut Kohl, Bergisch Gladbach 1990

Nayhauß, Mainhardt Graf von: Helmut Kohl. Meine Jahre mit dem Kanzler der Einheit, Köln 2010

Noack, Hans-Joachim/Bickerich, Wolfram: Helmut Kohl, Berlin 2010

Pruys, Karl Hugo: Helmut Kohl. Die Biografie, Berlin 1995

Reuth, Ralf Georg: Annäherung an Helmut Kohl. Die neue Biografie, München 2017

Rödder, Andreas: Deutschland einig Vaterland. Die Geschichte der Wiedervereinigung, München 2009

Sarotte, Mary Elise: Nicht einen Schritt weiter nach Osten. Amerika, Russland und die wahre Geschichte der NATO-Osterweiterung, München 2023

Schäuble, Wolfgang: Erinnerungen. Mein Leben in der Politik, Stuttgart 2024

Schell, Manfred: Die Kanzlermacher, Mainz 1986

Schmidtke, Evelyn: Der Bundeskanzler im Spannungsfeld zwischen Kanzlerdemokratie und Parteiendemokratie. Ein Vergleich der Regierungsstile Konrad Adenauers und Helmut Kohls, Marburg 2001

Schönfelder, Jan/Erices, Rainer: Westbesuch. Die geheime DDR-Reise von Helmut Kohl, Jena 2007

Schwan, Heribert/Steininger, Rolf: Helmut Kohl. Virtuose der Macht, Mannheim 2010

Schwarz, Hans-Peter: Helmut Kohl. Eine politische Biographie, München 2012

Stüwe, Klaus: Die Rede des Kanzlers. Regierungserklärungen von Adenauer bis Schröder, Wiesbaden 2005

Teltschik, Horst: 329 Tage. Innenansichten der Einigung, Berlin 1991

Villinger, Ingeborg/Riescher, Gisela/Rüland, Jürgen (Hg.): Politik und Verantwortung. Festgabe für Wolfgang Jäger zum 60. Geburtstag, Freiburg 2000

Vogel, Bernhard (Hg.): Das Phänomen. Helmut Kohl im Urteil der Presse 1960–1990, Stuttgart 1990

Vogel, Bernhard (Hg.): Ein Leben für Deutschland. Helmut Kohl – Stationen eines politischen Lebens, Düsseldorf 2005

Wicke, Christian: Helmut Kohl's Quest for Normality: His Representation of the German Nation and Himself, New York 2015

Wirsching, Andreas: Abschied vom Provisorium (Geschichte der Bundesrepublik Deutschland 1982–1990, Bd. 6), Stuttgart 2006

Wolfrum, Edgar: Der Aufsteiger. Eine Geschichte Deutschlands von 1990 bis heute, Stuttgart 2020

Zimmer, Matthias: Nationales Interesse und Staatsräson. Zur Deutschlandpolitik der Regierung Kohl 1982–1989, Paderborn 1992

Zimmermann, Friedrich: Kabinettstücke. Politik mit Strauß und Kohl 1976–1991, München/Berlin 1991

Zohlnhöfer, Reimut: Die Wirtschaftspolitik der Ära Kohl. Eine Analyse der Schlüsselentscheidungen in den Politikfeldern Finanzen, Arbeit und Entstaatlichung, 1982–1998, Opladen 2001

Dieser QR-Code führt zur Website der Bundeskanzler-Helmut-Kohl-Stiftung: